INHALTSVERZEICHNIS

ZU HAUSE LERNEN – HILFREICHE TIPPS

RECHTSCHREIBEN

GRAMMATIK

DEUTSCH

TEXTE VERFASSEN

LESEN

FIT FÜR DEN ÜBERTRITT IN DIE 3. KLASSE

INHALTSVERZEICHNIS

MATHEMATIK

ZU HAUSE LERNEN – HILFREICHE TIPPS

Liebe Eltern!

Selbstverständlich wollen Sie nur das Beste für Ihr Kind! Dazu gehört auch, dass es in der Schule erfolgreich ist.
Der Lernerfolg Ihres Kindes hängt auch vom häuslichen Umfeld und der familiären Lernsituation ab. Je wohler sich Ihr Kind zu Hause fühlt, desto besser lernt es.
Wir wollen Ihnen daher Tipps und Anregungen geben, wie Sie den Lernerfolg Ihres Kindes nachhaltig steigern können.

TIPP 1 TAGESLEISTUNGSKURVE

Wir alle haben zu unterschiedlichen Tageszeiten unsere Leistungshochs und Leistungstiefs. So sieht die durchschnittliche Tagesleistungskurve aus:

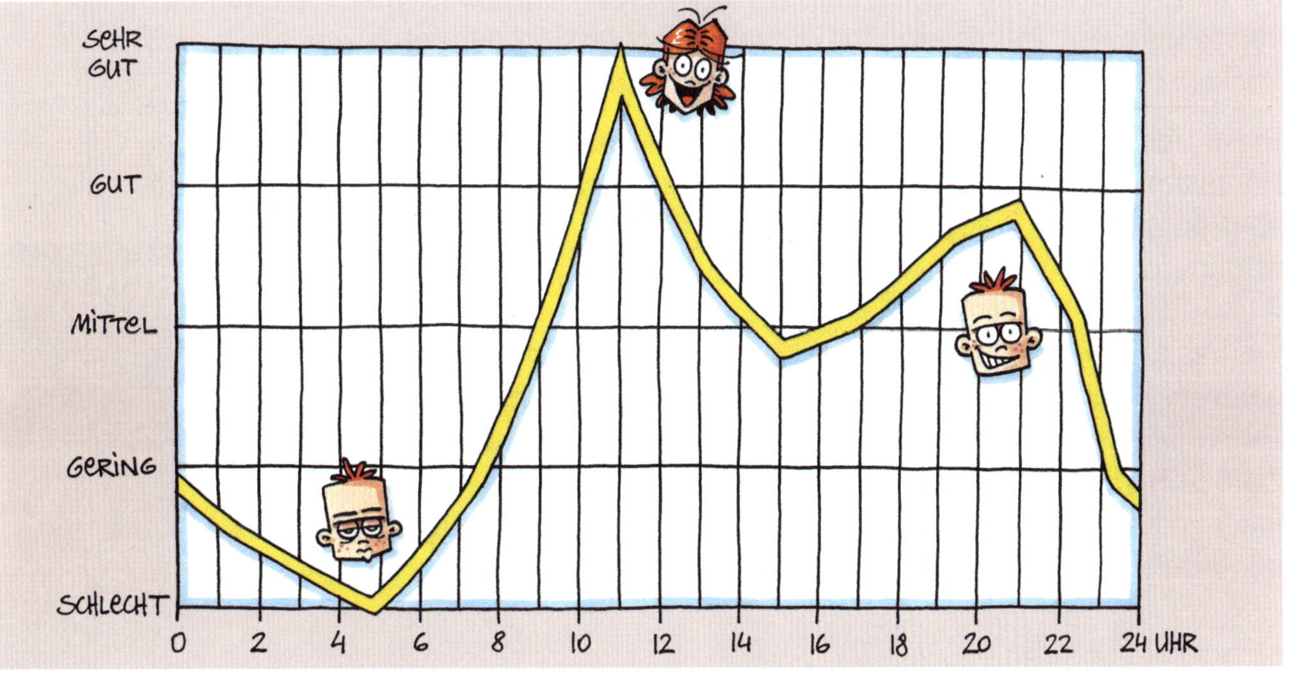

Zeichnen Sie mit einem Rotstift die persönliche Tagesleistungskurve Ihres Kindes ein. Es sollte die anstrengendsten Aufgaben in jenen Zeitbereichen erledigen, wo es am leistungsfähigsten ist. Unterstützen Sie Ihr Kind darin, seine Pausen „richtig" zu konsumieren und in seinen Leistungshochs zu lernen. Legen Sie private Termine Ihres Kindes in jene Zeitbereiche, wo sein effizienter Lernrhythmus nicht gestört wird.

TIPP 2 ARBEITSPLATZ

Arbeitsplatz und Lernumfeld haben einen großen Einfluss auf den Lernerfolg Ihres Kindes. Berücksichtigen Sie daher bei der Gestaltung seines Arbeitsplatzes folgende Kriterien:

Wohlfühlen

Der Lernplatz soll für Ihr Kind eine angenehme Atmosphäre bieten. Dazu können zB angenehme Farben, Pflanzen, Bilder, ein Poster seiner Lieblingsband … beitragen. Gestalten Sie ihn zusammen mit Ihrem Kind oder lassen Sie Ihr Kind auch selbstständig entscheiden – Ihr Kind soll sich wohlfühlen!

Bequem sitzen

Wer unbequem sitzt, kann sich nur schlecht konzentrieren. Daher darf beim Schreibtischstuhl auf keinen Fall gespart werden. Sitzhöhe und Rückenlehne sollten verstellbar sein, damit eine individuelle Sitzposition gefunden werden kann. Rückenschmerzen und sonstige Sitzfolgeschäden sind zu vermeiden.

Diese richtige „Infrastruktur" des Lernens herzustellen, ist auch für Sie eine Herausforderung. Die dafür notwendigen finanziellen Aufwendungen bekommen Sie aber doppelt und dreifach zurück, wenn Ihr Kind gerne und erfolgreich an seinem tollen Arbeitsplatz lernt.

Sie haben nun einige Anregungen zum Thema „Lernorganisation" gelesen. Wenn Sie darüber mehr erfahren wollen, empfehlen wir Ihnen das Buch **DURCHSTARTEN LERNTIPPS – IN 5 SCHRITTEN ZUM SCHULERFOLG**. Darin erfahren Sie, was Sie alles richtig machen können, um Ihr Kind erfolgreich durch seine Schulzeit zu begleiten.

1 Das tägliche Rechtschreibmenü einnehmen

Man muss üben, damit man das Rechtschreiben erlernt. Man muss aber auch üben, damit man Schreibungen nicht vergisst. Daher sollst du täglich üben, vor allem mit persönlichen Fehlerwörtern.

A **Wähle ein Fehlerwort aus. Schreibe es in den Teller, in den Becher …**

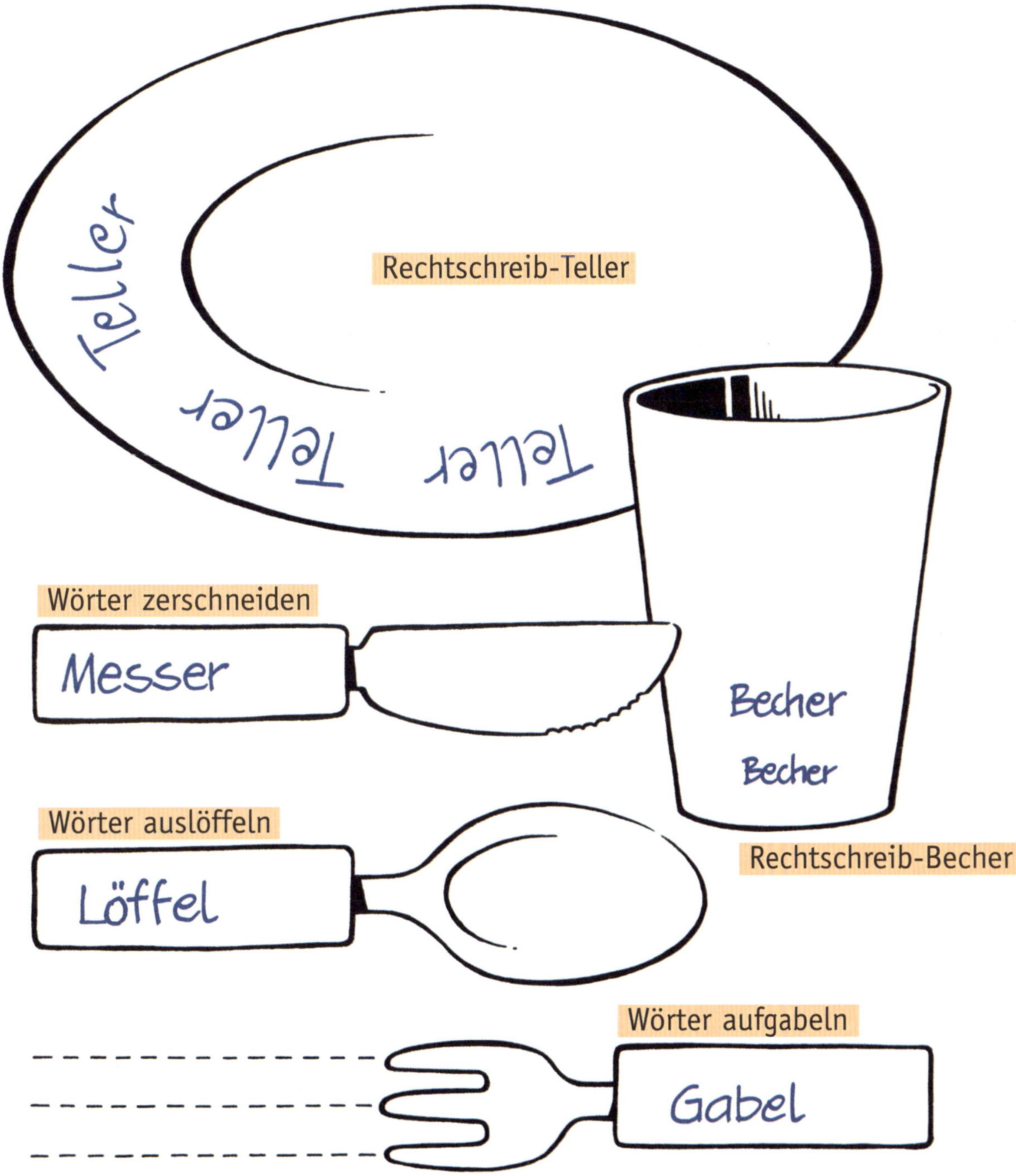

B **Auf der nächsten Seite findest du eine Kopiervorlage. Bitte deine Eltern, dass sie für dich diese Seite mehrmals kopieren. Führe täglich eine Übung mit einem Fehlerwort durch, zB am Montag: Übung mit Rechtschreib-Teller, am Dienstag: Übung mit …**

KOPIERVORLAGE

RECHTSCHREIBMENÜ

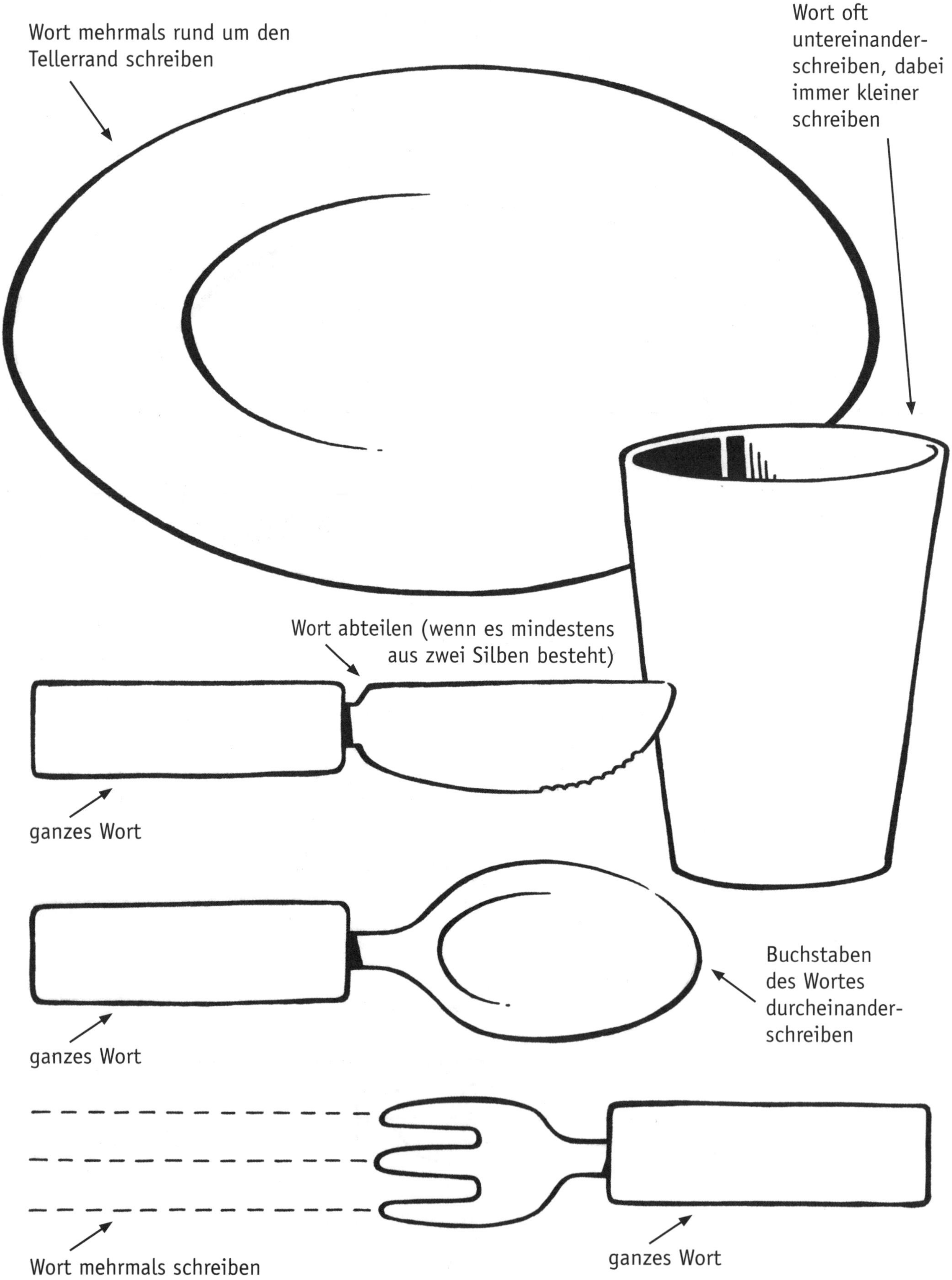

2 Selbstlaute in Wörtern abhören

Wörter bestehen aus Selbstlauten und Mitlauten. Selbstlaute sind ***a**, **e**, **i**, **o** und **u**.*
Beim Sprechen von Mitlauten klingt immer ein zweiter Laut mit, zB ***b*** ▶ ***be***.

A Lies die Wortkreuze. Du musst immer einen Selbstlaut ergänzen. Trage diesen in das leere Kästchen ein. Schreibe dann die beiden Wörter auf.

	L		
T	i	n	a
	s		
	a		

Tina
Lisa

	r	
B		s
	n	
	d	

	S		
W		l	d
	n		
	d		

	b		
k		r	z
	n		
	t		

		H	
B	r		t
		s	
		e	

	R				
s		n	g	e	n
	n				
	g				

	F			
j		d	e	r
	d			
	e			
	r			

	R			
R		d	e	l
	s			
	e			

	L				
l		s	t	i	g
	f				
	t				

	W			
W		l	k	e
	r			
	t			

	b			
	r			
W		g	e	n
	v			

	W			
R		g	e	n
	g			

B Schreibe die Wörter in fünf Spalten in dein Übungsheft.

Wörter mit a	Wörter mit e	Wörter mit i	Wörter mit o	Wörter mit u

3 Mitlaute in Wörtern abhören

Wörter bestehen aus Selbstlauten und Mitlauten. Beim Sprechen von Mitlauten klingt immer ein zweiter Laut mit, zB ***b*** ► ***be***. Viele Mitlaute kann man beim Sprechen des Wortes gut hören. Sehr genau hinhören muss man bei ***d*** oder ***t***, ***b*** oder ***p***, ***g*** oder ***k***.

A **Lies die Wortkreuze. Du musst immer einen Mitlaut ergänzen. Trage diesen in das leere Kästchen ein. Schreibe dann die beiden Wörter auf.**

d oder t

r e d e n / r u d e r n	w a r _ e n / r a _ e n	B r u _ e r / b a _ e n	T o r _ e / V a _ e r
reden rudern			

b oder p

l i e _ e n / l o _ e n	L a m _ e / A m _ e l	P a _ i e r / H u _ e	b l e i _ e n / o _ e n

g oder k

O n _ e l / d a n _ e n	d u n _ e l / Z i r _ u s	F i n _ e r / V o _ e l	t r a _ e n / s i n _ e n

B **Schreibe die Wörter in zwei Spalten in dein Übungsheft.**

Wörter mit b, d oder g	Wörter mit p, t oder k

4 Mitlaute am Wortende abhören

Am Wortende kannst du ***b*** oder ***p***, ***d*** oder ***t***, ***g*** oder ***k*** kaum auseinanderhören.
Hier hilft dir ein kleiner Trick. Verlängere das Wort.
So machst du den Mitlaut hörbar.

A Setze *d* oder *t* ein. Sprich die Wörter deutlich. Beim Wort in der Mehrzahl kannst du hören, ob ein *d* oder *t* geschrieben werden muss.

d oder t

Hem d	die Hem d en	Hemd – Hemden
Freun__	die Freun__e	
Nach__	die Näch__e	
Fein__	die Fein__e	
Fes__	die Fes__e	
Klei__	die Klei__er	
Ra__	die Rä__er	
Lie__	die Lie__er	
Nes__	die Nes__er	
Ran__	die Rän__er	
Mon__	die Mon__e	
Geis__	die Geis__er	
Fel__	die Fel__er	
Wan__	die Wän__e	

B Schreibe die Wörter in zwei Gruppen in dein Übungsheft.

Wörter mit d am Ende	Wörter mit t am Ende

5 Entscheidungen am Wortanfang treffen

Du weißt schon: Nur Namenwörter werden großgeschrieben. Das hört sich zwar einfach an, ist aber gar nicht so leicht. Es gilt nämlich bei jedem Wort herauszufinden, ob es ein Namenwort ist oder nicht. Einen Trick wirst du vielleicht schon kennen: Du probierst, ob du vor das Wort einen Begleiter setzen kannst.

A **Lies die Wörter. Überlege bei jedem Wort, ob es sich um ein Namenwort handelt. Schreibe dann das Wort daneben auf. Ziehe den großen Anfangsbuchstaben rot, den kleinen grün nach.**

BRIEF	Brief	JUNG	jung
MUTIG		FLUSS	
ZWÖLF		BAUEN	
AUGE		KALT	
HOFFEN		GLÜCK	
BIENE		KERZE	
SPÄT		SCHNELL	
SCHNEE		GLAS	
KOCHEN		INSEL	
HOLZ		ENG	
KÄFER		LERNEN	
IMMER		VIEL	
HERBST		KLEID	
UHR		ENDE	

B **Schreibe alle Namenwörter mit dem Begleiter in dein Übungsheft.**
der Brief, das Auge …

6 Entscheidungen bei verwandten Wörtern treffen

Auch bei verwandten Wörtern gilt: Nur Namenwörter werden großgeschrieben, zB *lesen, das* ***L****esebuch, leserlich, der* ***L****eser.*
Du musst also immer überlegen: Namenwort oder kein Namenwort?
Mit der Zeit bekommst du ein Gefühl für Namenwörter.

A In jedem Wortpaar kommt ein Namenwort vor. Unterstreiche es. Schreibe es dann mit dem Begleiter daneben auf. Übermale den großen Anfangsbuchstaben.

KÖCHIN	KOCHEN	die Köchin
MUTIG	MUT	
SCHNEIDEN	SCHNEIDER	
MALEREI	MALEN	
TRÄUMEN	TRAUM	
SONNIG	SONNE	
WOLKE	WOLKIG	
ÄNGSTLICH	ANGST	
WOHNUNG	WOHNEN	
WIND	WINDIG	
STÜRMISCH	STURM	
GIFT	GIFTIG	
RAUBEN	RÄUBER	
ENDLICH	ENDE	

B Schreibe die Wortpaare in dein Übungsheft.
Köchin – kochen, mutig – Mut …

7 Vorsicht nach einem Begleiter!

Oft wird der Begleiter als Signal für die Großschreibung des darauffolgenden Wortes gesehen. Da kannst du aber Pech haben, denn nach dem Begleiter muss nicht unbedingt gleich das Namenwort nachfolgen. Beispiel: ***der*** *bärtige Seemann.*

A **Lies die Wortgruppen. Unterstreiche das Namenwort. Schreibe dann die Wortgruppe daneben auf.**

DER GIFTIGE PFEIL	der giftige Pfeil
DIE BUNTE WIESE	
DIE BLUTIGE NASE	
DAS BRAVE KIND	
DER SONNIGE TAG	
DER HOHE TURM	
DIE BILLIGE UHR	
DAS NEUE KLEID	
DIE FRISCHE LUFT	
DAS BLONDE HAAR	
DER SONNIGE HERBST	
DER KALTE WINTER	
DAS VOLLE GLAS	
DER ROSTIGE NAGEL	

B **Wähle acht Wortgruppen aus. Schreibe sie mit dem Begleiter *ein, eine* auf, zB *ein giftiger Pfeil, eine …***

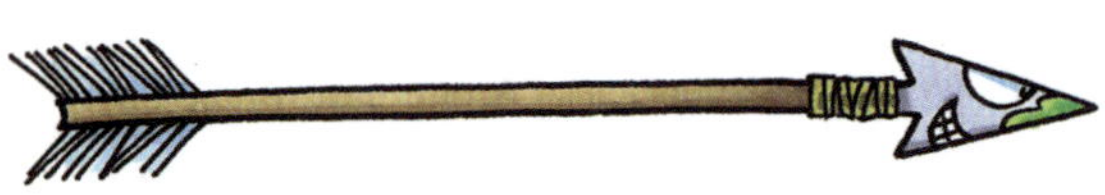

8 Am Satzanfang immer großschreiben

Du weißt schon: Namenwörter werden großgeschrieben. Aber auch am Satzanfang gilt die Großschreibung.

A **20 Wörter gehören in der folgenden Geschichte großgeschrieben. Streiche bei diesen Wörtern den kleinen Anfangsbuchstaben durch und schreibe den großen darüber.**

B **Schreibe die ersten fünf Sätze in dein Übungsheft. Beachte die Großschreibung bestimmter Wörter.**

9 Zwischen Nachsprechwörtern und Einprägewörtern unterscheiden

Es gibt Wörter, die wir „normal" schreiben. Das heißt, wir können sie nach dem Gehör schreiben. Diese Wörter nennen wir Nachsprechwörter.
Leider gibt es aber auch Wörter mit besonderen Stellen, zB ***nn***, ***rr***, ***tz***, ***ie*** oder ***ah***. Diese Wörter – vor allem die besonderen Stellen im Wort – musst du dir einprägen. Solche Wörter nennen wir Einprägewörter.

A **Schau dir folgende Wörter genau an. Überprüfe, ob sie „normal" geschrieben werden oder ob sie eine besondere Stelle haben. Übermale die Gefahrenstelle gelb. Schreibe die Wörter dann in die richtige Spalte.**

mich	Jahr	nein	Tisch
sitzen	Rose	Puppe	Regen
Fuß	schreiben	Rücken	Schnee
mein	Sonne	Haar	Ende

Nachsprechwörter	Einprägewörter
______________	______________
______________	______________
______________	______________
______________	______________
______________	______________
______________	______________
______________	______________
______________	______________

B **Schreibe die Einprägewörter in dein Übungsheft. Überschreibe die besonderen Stellen.**

10 Wörter mit ß schreiben

Wörter mit *ß* sind ein Sonderfall. Solche Wörter musst du so lange üben, bis du sie „im Schlaf" schreiben kannst. Oder: Du schreibst diese Wörter auf einen „Schummelzettel", den du auf deinen Schreibtisch legst.

A **Übermale bei den Wörtern das *ß*. Schau dir jedes Wort genau an und verbinde es mit dem Strichbild. Schreibe dann das Wort daneben auf.**

beißen ______

fleißig ______

Fuß ______

Straße ______

süß ______

weiß ______

heiß ______

groß ______

gießen ______

reißen ______

B **Sprich die Wörter. Bei welchen Wörtern kannst du einmal, bei welchen zweimal klatschen? Schreibe die Wörter in zwei Gruppen in dein Übungsheft.**

11 Wörter mit ck oder tz schreiben

Du hast sicher schon Wörter mit ***ck*** und ***tz*** geschrieben. Eigentlich sind ***ck*** und ***tz*** wie Doppelmitlaute anzusehen. Auch für sie gilt: Sie können nur nach einem kurz gesprochenen Selbstlaut stehen. Mehr dazu wirst du in der 3. Klasse erfahren.

A **Sprich die Wörter deutlich. Was fehlt? Setze ein *ck* oder *tz* ein. Schreibe dann das Wort daneben auf.**

	ck oder tz
vor **Hi**_tz_**e** stöhnen	die Hitze
großes **Glü**____ haben	
eine **Ja**____**e** anziehen	
die **Ka**____**e** streicheln	
einen **Sa**____ schreiben	
Zu____**er** in den Tee geben	
sich auf eine **De**____**e** legen	
auf einen **Blo**____ schreiben	
auf dem **Rü**____**en** liegen	
sich schwer **verle**____**en**	
einen Kuchen **ba**____**en**	
die Brillen **pu**____**en**	
sich hinter dem Ohr **kra**____**en**	
im Traum **erschre**____**en**	

B **Schreibe die Wörter in zwei Gruppen in dein Übungsheft. Wörter mit *ck* und Wörter mit *tz*.**

12 Lange und kurze Selbstlaute/Umlaute heraushören

> Selbstlaute kennst du von Übung 2.
> Aber eine kurze Wiederholung schadet nicht. Die Selbstlaute sind ***a, e, i, o*** und ***u***. Selbstlaute können lang oder kurz ausgesprochen werden, zB *der Hut – die Butter*. Umlaute sind ***ä, ö, ü*** und ***äu***.
> Das Heraushören, ob ein Laut kurz oder lang gesprochen wird, kannst du üben. Mit der Zeit bekommst du ein Gefühl dafür.

A **Sprich die Wörter deutlich. Setze unter einen kurzen Selbstlaut/Umlaut einen Punkt, unter einen langen Selbstlaut/Umlaut einen Strich.**

beten	Heft	leben
Klasse	malen	Nacht
Torte	loben	Vogel
Kino	Himmel	Igel
kochen	Rose	Rock
Glas	Mantel	Watte
Müll	müssen	müde
Käfer	Bäcker	Käfig
plötzlich	König	können
reden	wetten	Fest
Luft	Mut	Mutter
Ofen	Hose	offen
hell	heben	Hemd
Hitze	still	mir

B **Kontrolliere zuerst mit dem Lösungsheft. Wähle acht Wörter mit einem langen und acht Wörter mit einem kurzen Selbstlaut/Umlaut aus. Schreibe die Wörter in zwei Gruppen in dein Übungsheft.**

13 Wörter mit langen Selbstlauten schreiben

Wörter mit langen Selbstlauten hast du in Übung 12 kennengelernt. In diesen Wörtern wird der lange Selbstlaut ganz „normal" geschrieben. Das ist bei den meisten Wörtern auch so, leider nicht bei allen.
Hier lernst du nun Wörter, in denen der lange Selbstlaut mit einem ***h*** gedehnt wird. Diese Wörter musst du dir merken.

A **Probiere die Wörter zu lesen. Es fehlt entweder *ah, eh, oh/Oh* oder *uh/Uh*. Trage die fehlenden Buchstaben ein. Schreibe das Wort daneben auf.**

 die Z ah l — die Zahl

 das ___ r — __________

 die ___ r — __________

 der Z___n — __________

 die B___n — __________

der F___ler — __________

 die F___ne — __________

 das H___n — __________

 der S___n — __________

 der L___rer — __________

B **Schreibe die Wörter in vier Gruppen in dein Übungsheft: Wörter mit *ah*, Wörter mit *eh*, Wörter mit *oh/Oh* und Wörter mit *uh/Uh*.**

14 Wörter mit v schreiben

Für manche Mitlaute gibt es zwei Schriftzeichen. Der f-Laut wird in den meisten Wörtern als *f* oder *F* geschrieben, aber leider nicht in allen. In wenigen Wörtern wird ein ***v*** oder ***V*** geschrieben.

A **Setze in den Wörtern ein *V* oder *v* ein. Überlege, welche Wörter in den Zündholzschachteln liegen.**

v oder V

V ater	___ergessen	___ogel	___oll
___erkleiden	___erlieren	___erstehen	___or
___iel	___ielleicht	___orlesen	___ieh

B **Schreibe die Wörter in zwei Gruppen in dein Übungsheft. Wörter mit *v*, Wörter mit *V*.**

15 Wörter mit st/St und sp/Sp am Wortanfang schreiben

Seltsam: Wir sprechen *schp* und *scht*, schreiben aber ***st/St*** und ***sp/Sp*** am Wortanfang. Aus diesem Grund werden bei solchen Wörtern oft Fehler gemacht. Daher denke immer an die Regel.

A **Lies die Lückenwörter. Setze *st/St* oder *sp/Sp* ein. Dann siehst du diese Wörter in Spiegelschrift. Versuche sie zu lesen und aufzuschreiben.**

st/St oder sp/Sp

_sp_aren	___ringen	___off	___ät
___eigen	___ielen	___olz	___raße
___unde	___ill	___ellen	___iegel

B **Schreibe die Wörter in zwei Gruppen in dein Übungsheft. Wörter mit *sp/Sp*, Wörter mit *st/St*.**

16 Wörter mit t/T am Wortanfang schreiben

Am Wortanfang kannst du den d-Laut vom t-Laut durch das Abhören kaum unterscheiden. Daher musst du dir Wörter mit ***t/T*** merken.

A **Setze ein *t* oder *T* in die Lückenwörter ein. Darunter findest du die Wörter mit vertauschten Silben. Kannst du sie trotzdem lesen? Schreibe sie daneben auf.**

t oder T

t auschen	___asche	___eilen	___eller
___empo	___rinken	___raurig	___orte
___ragen	___urnen	___rennen	___rocken

nentur	______	schentau	______
lerTel	______	scheTa	______
poTem	______	kentrin	______
ckentro	______	teTor	______
nentren	______	rigtrau	______
lentei	______	gentra	______

B **Schreibe die Wörter in zwei Gruppen in dein Übungsheft. Wörter mit *T*, Wörter mit *t*.**

17 Wörter mit d/D am Wortanfang schreiben

Am Wortanfang kannst du den d-Laut vom t-Laut durch das Abhören kaum unterscheiden. Daher musst du dir Wörter mit ***d/D*** merken.

A **Setze ein *d* oder *D* in die Lückenwörter ein. Darunter findest du die Wörter mit vertauschten Silben. Kannst du sie trotzdem lesen? Schreibe sie daneben auf.**

d oder **D**

d anken	___unkel	___ose	___ienen
___ecke	___ürfen	___rehen	___onner
___reißig	___usche	___enken	___oktor

kendan	______	nerDon	______
torDok	______	ßigdrei	______
nendie	______	ckeDe	______
fendür	______	hendre	______
scheDu	______	keldun	______
seDo	______	kenden	______

B **Schreibe die Wörter in zwei Gruppen in dein Übungsheft. Wörter mit *d* und Wörter mit *D*.**

18 Wörter mit p/P am Wortanfang schreiben

Am Wortanfang kannst du den p-Laut vom b-Laut durch das Abhören schwer unterscheiden. Daher musst du dir Wörter mit ***p/P*** merken.

A **Setze ein *p* oder *P* in die Lückenwörter ein. Darunter steht ein Text, in dem auch diese Wörter vorkommen. Nicht immer stehen sie genau in der gleichen Form. Übermale die Wörter.**

p oder P

P aar	___acken	___latz	___aket
___lötzlich	___ost	___olizei	___uppe
___utzen	___assen	___reis	___apier

Vorige Woche richtete ich ein Geschenkspaket für meine Cousine her.

Ich kaufte ein Paar Fäustlinge und ein Püppchen.

Zuerst löste ich die Preiszettel herunter.

Dann packte ich die Geschenke in Schmuckpapier ein.

Sie passten genau in die Schachtel.

Ich brachte das Paket zum Postamt.

Während ich am Schalter wartete, putzte ich meine Brille.

Da stürmte plötzlich ein Mann herein und schrie:

„Alle bleiben auf den Plätzen, Geld her!“

Ein Postbeamter alarmierte die Polizei.

Darauf flüchtete der Posträuber ohne Beute.

B **Schreibe die übermalten Wörter in dein Übungsheft.**

19 Wörter mit b/B am Wortanfang schreiben

Am Wortanfang kannst du den p-Laut vom b-Laut durch das Abhören schwer unterscheiden. Daher musst du dir Wörter mit ***b/B*** merken.

A **Setze ein *b* oder *B* in die Lückenwörter ein. Darunter stehen die Wörter als Purzelwörter. Schreibe das Wort auf. Streiche jeden verwendeten Buchstaben durch. Ein Buchstabe bleibt übrig. Trage ihn unten ein. Du erhältst ein Lösungswort.**

b oder B

B ahn	___inden	___iene	___eißen
___ringen	___erg	___illig	___utter
___ett	___leiben	___ruder	___rennen

~~g~~ ~~e~~ ~~r~~ ~~B~~ B	l g i r l i b	r e B u r d o
Berg	________	________
t e t u r t B	h B k a n	i e e B n ö
________	________	________
n n n r r e e b	b e i b r n g n	t e c t B
________	________	________
e i b h l n e b	i n b e e d n	b ß e e i n n
________	________	________

Lösungswort: B __ __ __ __ __ __ __ __ __ __ __

B **Schreibe die Wörter in zwei Gruppen in dein Übungsheft. Wörter mit *b* und Wörter mit *B*.**

20 Dehnungs-h in zusammengesetzten Wörtern

Tritt in einem Wort eine besondere Stelle auf, dann bleibt diese auch in einem zusammengesetzten Wort erhalten. Das erleichtert das Schreiben und das Lesen.

A **Bilde zusammengesetzte Wörter und schreibe sie daneben auf.**

be, ein, dazu, aus, an → **zahlen**

bezahlen ______
______
______
______
______

weg, aus, er, mit, dazu → **zählen**

______
______
______
______
______

Zahn → bürste, pasta, arzt, spange, pflege

______
______
______
______
______

B **Schreibe einige zusammengesetzte Wörter mit *Bahn* in dein Übungsheft.**

21 Das Grundwort in einem verwandten Wort finden

Tritt in einem Wort eine besondere Stelle auf, dann bleibt diese auch in einem zusammengesetzten Wort erhalten. Das gilt nicht nur für zusammengesetzte Wörter, sondern auch für alle verwandten Wörter, zB ***Glück***, *verun**glück**en*, *es miss**glück**t*, ***glück**lich* …

A **Setze *m* oder *M* ein. Suche dann diese Wörter in den verwandten Wörtern. Ziehe sie mit Farbe nach.**

m oder M

m orgen	___eter	___ittag	___ögen
___ittwoch	___onat	___üssen	___ond
___ontag	___utig	___üll	___itte

Monatsname

müssten

ermutigen

Vermögen

Müllsack

übermorgen

an Mittwochen

Montage

Meterstab

Mondflug

Mitternacht

Mittagsruhe

B **Schreibe die Wortpaare in dein Übungsheft.**
müssen – müssten, Monat – …

22 Grundwörter und verwandte Wörter üben

Gleiche Schreibungen in verwandten Wörtern sind dir nun bekannt. Im folgenden Spiel kannst du allein oder mit einem Partner/mit einer Partnerin auf Verwandtensuche gehen.

A **Spielregel:** **Du kannst mit jemandem spielen, aber auch allein gegen die Uhr.**
Spieler A beginnt links, Spieler B rechts. Abwechselnd wird gewürfelt und vorgefahren. Kommt man auf ein Grundwort (im orangen Feld), rückt man auf das verwandte Wort (im weißen Feld) vor oder zurück.

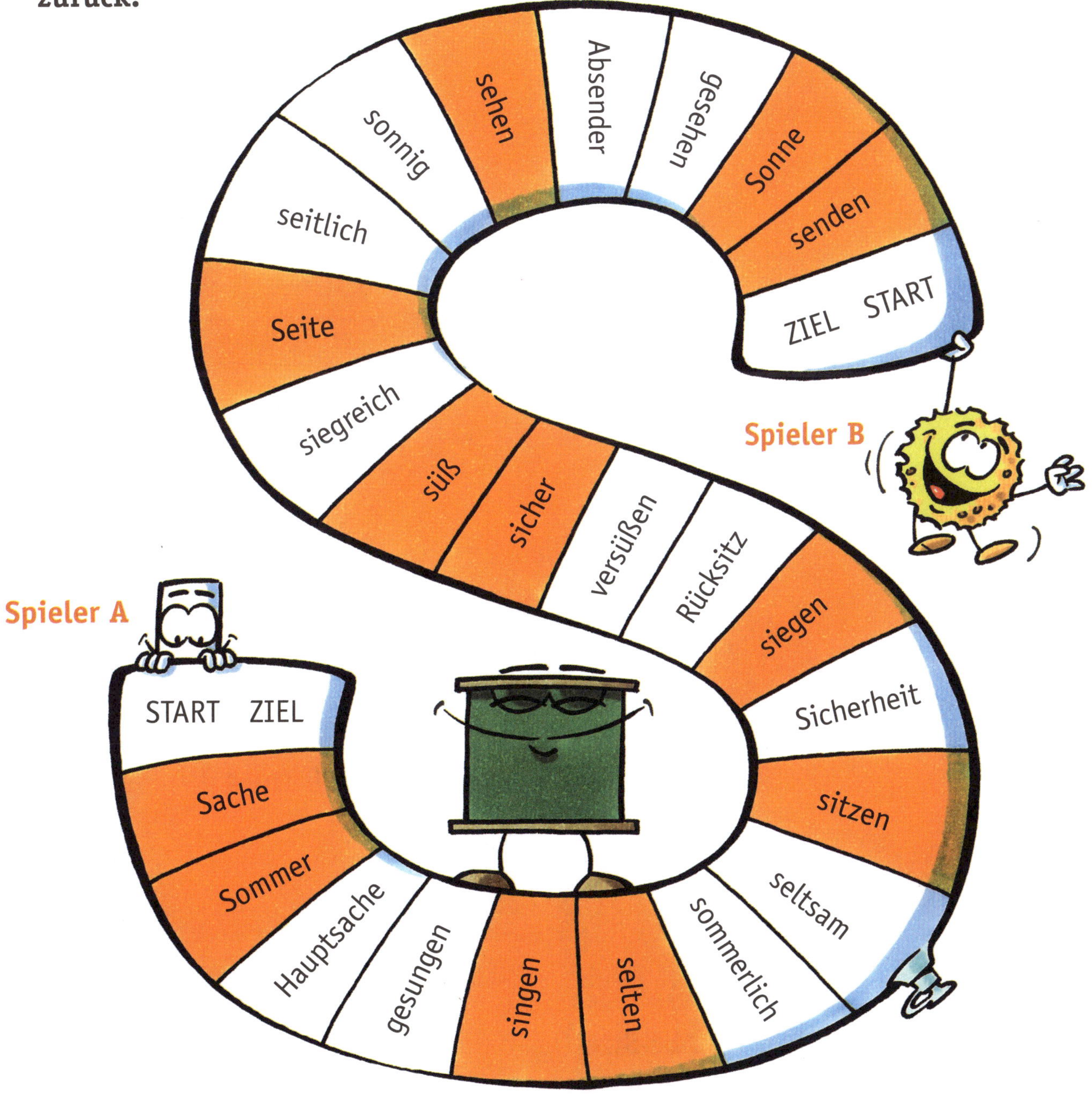

B **Schreibe die Wortpaare in dein Übungsheft: zB** ***senden – Absender.***

23 Abc-Reihen ergänzen

Die Reihenfolge der Buchstaben ist festgelegt. Diese Reihenfolge nennt man Alphabet. Wir sagen auch Abc dazu.

A **In jedem Abc-Streifen fehlen Buchstaben. Ergänze diese. Sie ergeben – von links nach rechts gelesen – einen Satz. Unten kannst du die Lösungsbuchstaben der Reihe nach eintragen.**

A B C D F G H I J K L M N O P Qu R T U V W X Y Z

A B C D E F G H J K L M N O P Qu R U V W X Y Z

A B C D F G H J K L M O P Qu R S T U V W X Y Z

A B C D E G H J K N O P Qu R S T U V W X Y Z

A B C D E F G H J K L N O P Qu R S T U V W X Y Z

A B C D E F G H I J K L M N O P Qu R S U W X Y Z

Lösungssatz:

__ __   __ __ __   __ __ __   __ __ __ __   __ __   __ __

B **Schreibe drei Abc-Streifen für den Satz: ER IST ALT.**

24 Namen nach dem Abc ordnen

In Listen sind Namen meistens nach dem Abc geordnet. So findet man bestimmte Namen schneller.

A **Ordne die Namen den Abbildungen richtig zu. Ziehe den Anfangsbuchstaben mit Farbe nach.**

Tom
~~Alex~~
Leo
Jan

Nina
Ines
Vera
Christa

Minki
Jerry
Stani
Flecki

Opel
Fiat
VW
Nissan

B **Schreibe – geordnet nach dem Abc – vier Schulsachen, vier Kleidungsstücke und vier Hundenamen auf.**

25 Wörter mit der Gebärdensprache schreiben

Man kann auch in der „Gebärdensprache“ Wörter und Sätze „schreiben“. Diese Sprache kann nur jemand verstehen, der die Zeichen kennt. Für die anderen ist das eine Geheimsprache.

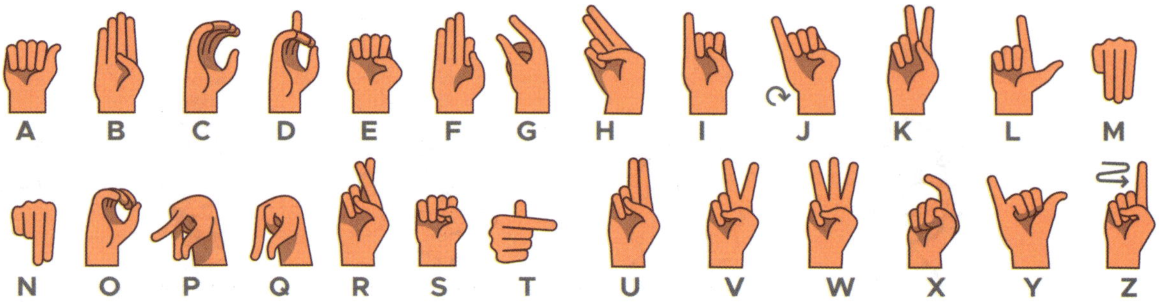

A **Versuche die Nachricht zu lesen. Schreibe die entsprechenden Buchstaben unter die Fingerzeichen.**

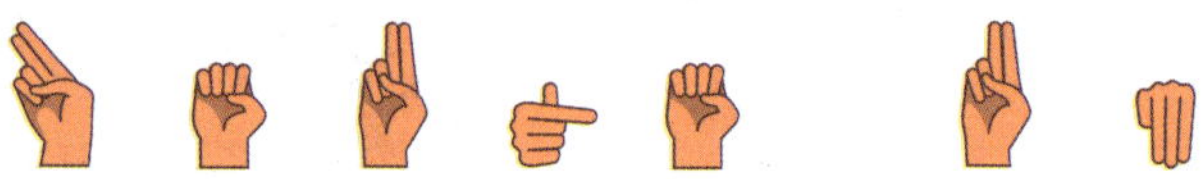

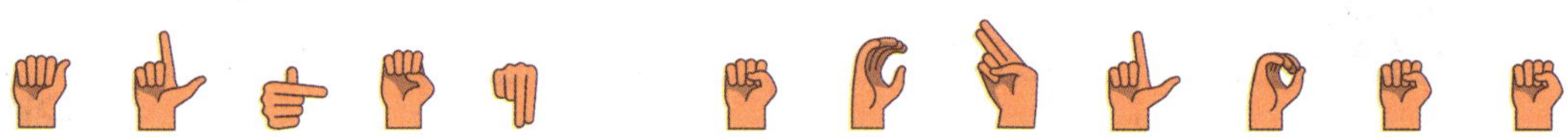

B **Du brauchst einen Partner oder eine Partnerin. „Funkt“ euch abwechselnd Wörter oder einfache Sätze zu. Der/Die jeweils andere muss das Wort oder den Satz aufschreiben.**

26 Wörter genau anschauen

Ein Wörterbuch ist für das Richtigschreiben eine wichtige Hilfe. Wenn du ein Wort gefunden hast, musst du es allerdings ganz genau anschauen.

A **Suche das Wort aus der gelben Spalte im weißen Raster und übermale es grün.**

schön	schöner	schon	schön	schau
weiß	weil	weich	weit	weiß
falsch	falls	flach	falsch	falsche
Fehler	Felle	Fehler	Feile	fehlen
jeder	jeder	jedes	jedem	jener
wieder	weder	weiter	wieder	werden
vor	vom	voll	von	vor
wann	wenn	warm	wann	wach
steil	steif	still	stur	steil
Hotel	Hobel	Hebel	Hotel	Motel
Geld	Feld	Gold	Held	Geld
Ast	Axt	Art	Ast	Ost
außer	äußern	äußerst	außen	außer
Bahn	Bahre	Bahn	Zahn	Kahn

B **Schreibe die übermalten Wörter – geordnet nach dem Abc – in dein Übungsheft: *Ast, außer …***

27 Dinge haben Namen

Jedes Ding hat einen Namen. Namenwörter schreibt man mit einem großen Anfangsbuchstaben.

A **In einer Bastelkiste sind verschiedene Werkzeuge und Materialien. Schreibe die Namenwörter unter die Abbildungen. Überschreibe den großen Anfangsbuchstaben mit Farbe.**

WOLLE SCHERE PERLEN
BOHRER ZÜNDHÖLZER NÄGEL PAPIER
KLEBSTOFF SÄGE FEDERN
STOFF MESSER

Klebstoff

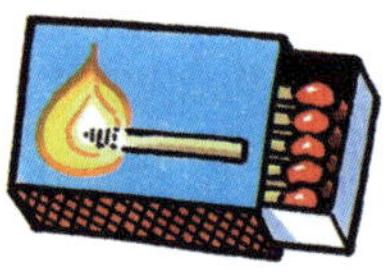

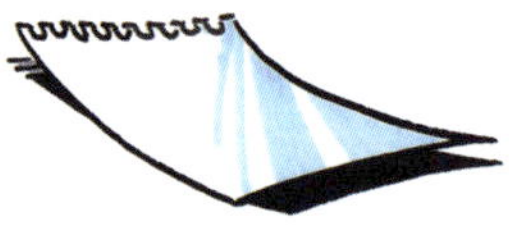

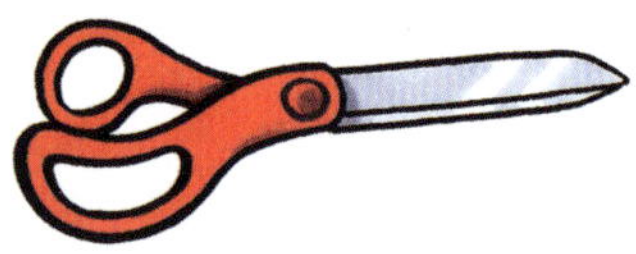

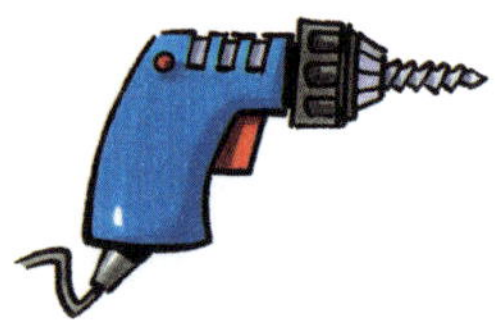

B **Schreibe die Namenwörter in zwei Gruppen in dein Übungsheft. Namenwörter für Werkzeuge und Namenwörter für Materialien.**

28 Namen für unsichtbare Dinge

In Übung 27 hast du Namenwörter für sichtbare Dinge kennengelernt. Die meisten sichtbaren Dinge kann oder könnte man angreifen. Aber auch unsichtbare Dinge haben Namen. Diese kann man nicht angreifen, aber man kann sie haben, zB *Angst*.

A **Ordne die Namenwörter in zwei Gruppen. Schreibe sie auf. Überschreibe den großen Anfangsbuchstaben.**

GLAS ANGST MUT AMPEL SCHMERZ
TORTE ZANGE FREUDE HUT TREUE
GLÜCK GABEL LIEBE KLEID TRAUER UHR

für sichtbare Dinge	für unsichtbare Dinge
Glas	

B **Ordne in jeder Gruppe die Wörter nach dem Abc. Schreibe sie so geordnet in dein Übungsheft.**

29 Begleiter vor das Namenwort setzen

Vor das Namenwort kannst du einen Begleiter setzen.
Dieser kann sein:
ein bestimmter Artikel: ***das*** *Haus*, ***der*** *Hund*, ***die*** *Wiese*
ein unbestimmter Artikel: ***ein*** *Haus*, ***eine*** *Wiese*

A **Beschrifte die Körperteile der Figur. Verwende die Wörter im Wortkasten. Setze immer den bestimmten Artikel vor das Namenwort.**

Arm Fuß Mund Wange Zehe
Nabel Hals Auge Bein Hand Nase
Brust Knie Ohr

DAS IST | DAS IST

das Auge

B **Ordne die Körperteile nach dem Abc. Schreibe das Körper-Abc in dein Übungsheft.**

30 Begleiter vor das Namenwort setzen

Der Begleiter des Namenwortes kann auch ein unbestimmter Artikel sein, zB ***ein*** *Buch,* ***eine*** *Heftmappe …*

A **Welche Dinge passen zu *ein* und welche zu *eine*? Schreibe die Dinge in die entsprechende Spalte.**

Kamel Schlange Käfer Papagei
Kuh Tiger Hummel Forelle Schwein
Fliege Affe Biene Pferd
Ziege Reh Spinne

ein	eine
ein Kamel	

B **Wähle acht Tiere aus, die du gerne hast. Schreibe in dein Übungsheft: *Ich mag einen Tiger. Ich mag …***

31 Zwischen einem Ding und mehreren Dingen unterscheiden

Mit Namenwörtern kannst du ausdrücken, ob du nur ein Ding oder mehrere Dinge meinst, zB *ein Apfel* oder *mehrere Äpfel*. Die meisten Namenwörter verändern sich, wenn man mehrere meint.

A **Schreibe in die richtige Spalte, wie viele Körperteile der Mensch jeweils hat.**

Arm Auge Bein Finger Fuß
Haar Hals Herz Kinn Knie Kopf
Lunge Mund Nabel Nase Ohr
Stirn Zahn Zehe Zunge

Ich habe ein, eine, einen	Ich habe zwei, zehn ...
einen Hals,	zwei Arme,

B **Schreibe die Körperteile, von denen du mehr als einen hast, so in dein Übungsheft: *ein Arm – zwei Arme, ein Auge – zwei Augen ...* Kennzeichne die Veränderung des Namenwortes.**

32 Tunwörter erkennen

Tunwörter sagen uns, was Menschen, Tiere, Pflanzen und Dinge tun. Im Wörterbuch stehen sie in der Grundform = Nennform. In einem Satz verändert sich das Tunwort.

A **Suche im folgenden Satz die Tunwörter heraus. Unterstreiche sie. Schreibe dann die Tunwörter auf. Überschreibe die Endungen mit Farbe.**

MEIN VATER WECKT MICH IMMER UM 6 UHR.
INZWISCHEN RICHTET MEINE MUTTER DAS FRÜHSTÜCK.
ICH TRINKE AM LIEBSTEN KAKAO UND ESSE EINE BUTTERSEMMEL.
MEINE SCHWESTER RÄUMT DAS GESCHIRR IN DIE SPÜLMASCHINE.
DANN GEHT JEDER AUS DEM HAUS.
AM ABEND GIBT ES EIN WIEDERSEHEN.
NUN HAT JEDER ARBEIT.
VATER BÜGELT ODER PUTZT, ICH DECKE DEN TISCH UND MUTTER KOCHT.
AM HEIMWEG ERZÄHLT MEINE SCHWESTER OFT VON DER SCHULE.

So stehen die Tunwörter im Text:	So stehen die Tunwörter im Wörterbuch:
weckt	wecken

B **Verbinde alle Tunwörter mit *du: du weckst, du …***

33 Tunwörter in die richtige Form bringen

In Übung 32 hast du gelernt, dass sich Tunwörter verändern können. Dabei hast du wahrscheinlich schon erkannt, dass Tunwörter immer dieselben Endungen haben: *ich sing**e**, du sing**st**, er sing**t**, wir sing**en**, ihr sing**t**, sie sing**en**.*

A Lies jeden Satz. Bringe das Tunwort in die richtige Form und trage es ein.

Bei uns zu Hause ____________________ jeder im Haushalt.
helfen

Mein Vater ____________________ am liebsten die Wäsche.
bügeln

Meine Schwester und ich ____________________ die Schuhe.
putzen

Meine Eltern ____________________ am Wochenende gemeinsam.
kochen

Ich ____________________ einmal in der Woche die Blumen.
gießen

Mein Großvater ____________________ den Gehsteig.
kehren

Er ____________________ auch auf den Markt einkaufen.
gehen

Mein größerer Bruder ____________________ die Fußböden.
saugen

Mama ____________________ jeden Tag das Frühstück.
machen

Meine Mutter ____________________ uns oft und ____________________:
loben sagen

„Ihr ____________________ wirklich sehr tüchtig."
sein

B Schreibe die Tunwörter so in dein Übungsheft:

helfen – hilft, bügeln – …

34 Wiewörter erkennen

Wiewörter beschreiben meistens, wie etwas ist oder wie man etwas tut: *ein* ***schwerer*** *Stein, nicht* ***faul*** *sein,* ***laut*** *singen, …*

A **Lies die Texte in den Sprechblasen. Unterstreiche die Wiewörter. Schreibe sie dann in der Grundform auf.**

klein

B **Suche aus deinem Wörterbuch Wiewörter, die mit *r*, *s* und *t* beginnen, und schreibe sie in dein Übungsheft.**

35 Wiewörter richtig verwenden

Wiewörter stehen oft vor einem Namenwort. Dann nimmt das Wiewort bestimmte Endungen an, zB *lustig – ein lustig**er** Bub.*

A **Lies die Sätze. Unterstreiche die Wiewörter und setze sie im Satz rechts ein.**

Der Wind weht kräftig.	Es weht ein kräftiger Wind.
Die Frau war mutig.	Das war eine ______ Frau.
Heute ist es kalt.	Heute ist ein ______ Tag.
Das Baby ist zart.	Das ist ein ______ Baby.
Der Boxer kämpft tapfer.	So ein ______ Boxer!
Die Nächte waren eisig.	Das waren ______ Nächte.
Der Baum blüht prächtig.	So ein ______ Baum!
Die Häuser sind alt.	Das sind ______ Häuser.
Er erzählt fabelhaft.	Er ist ein ______ Erzähler.
Heute ist es nebelig.	So ein ______ Tag!
Der See ist tief.	Das ist ein ______ See.
Die Torte ist süß.	Das ist eine ______ Torte.
Das Los ist gültig.	Das ist ein ______ Los.
Die Flasche ist voll.	Das ist eine ______ Flasche.
Es schneit dicht.	So ein ______ Schneefall!
Die Fliege ist lästig.	Das ist eine ______ Fliege.

B **Bilde Sätze wie in der Übung A mit:** ***Buch – dick, Wasser – kalt, Nacht – dunkel.*** **Schreibe die Sätze in dein Übungsheft.**

36 Mit Proben die Wortarten bestimmen

Durch Probieren kann man die Wortart herausfinden.

- Wenn du ***der***, ***die*** oder ***das*** vor das Wort setzen kannst ► Namenwort
- Wenn du ***wir*** vor das Wort setzen kannst ► Tunwort
- Wenn du ***sehr*** vor das Wort setzen kannst ► Wiewort

A **Führe die Proben durch. Male dann die Wäscheklammern so an: rot = Tunwort, blau = Namenwort, grün = Wiewort. Schreibe dann das Wort daneben auf. Beachte die Groß- und Kleinschreibung.**

UNTERRICHT	der
TANZEN	wir
STARK	sehr
MALEN	
SCHWIERIG	
SCHMUTZ	
AMPEL	
ERZÄHLEN	
LUSTIG	
PFLEGEN	
WASSER	
ALT	
FREUDE	

B **Schreibe die Wörter in drei Gruppen in dein Übungsheft. Namenwörter, Tunwörter und Wiewörter.**

37 Die Grundwortarten im Spiel wiederholen

Namenwort, Tunwort und Wiewort sind die drei Grundwortarten. Im Laufe deiner Schulzeit wirst du noch andere Wortarten kennenlernen.

A **Spielregel: 2 bis 4 Mitspielerinnen oder Mitspieler; reihum würfeln und vorrücken; Wortart bestimmen und ziehen: Namenwort – ein Feld vor, Tunwort – zwei Felder zurück, Wiewort – zwei Felder vor. Ihr könnt die Regeln auch anders festlegen.**

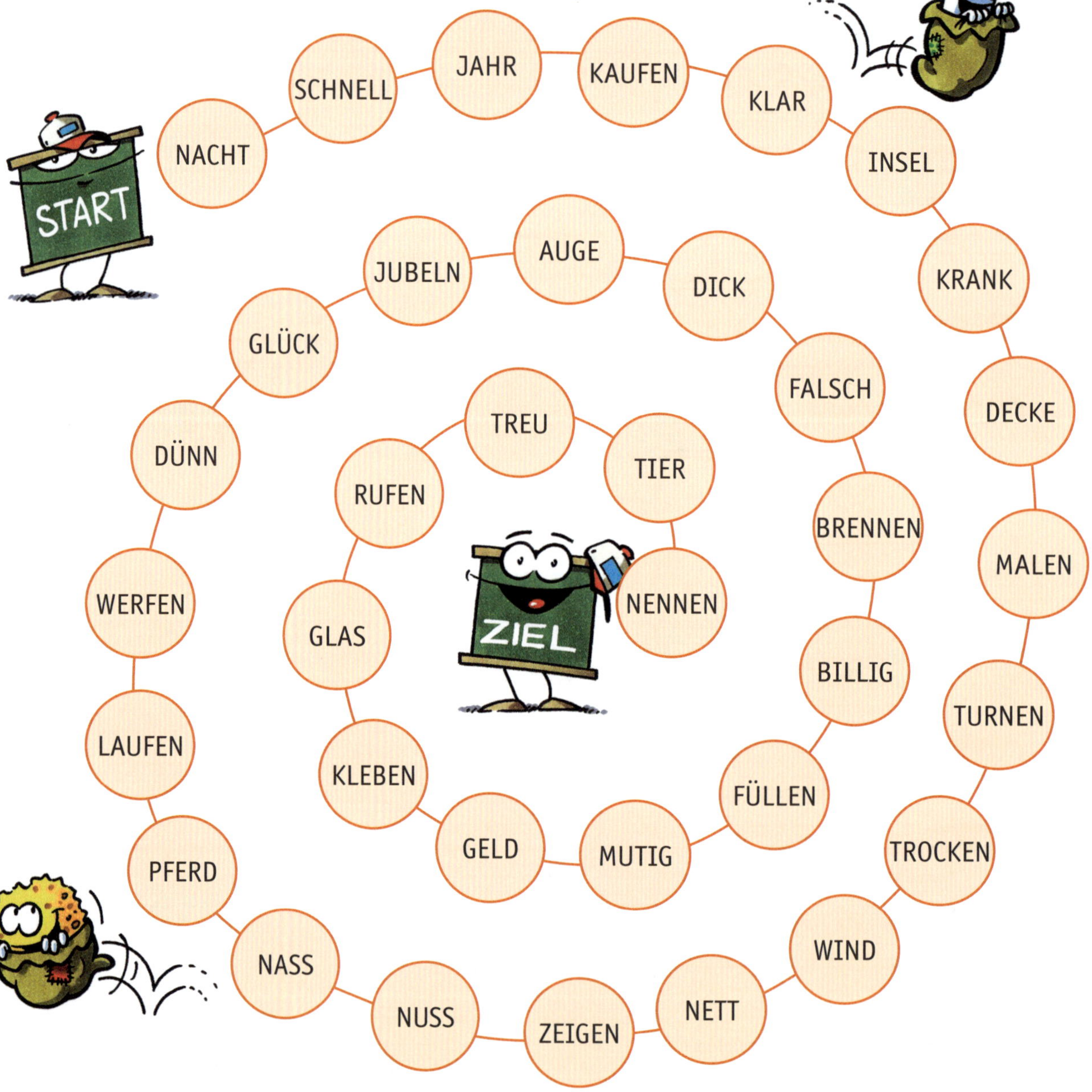

B **Wähle von jeder Wortart sechs Wörter aus. Schreibe sie in drei Gruppen in dein Übungsheft.**

38 Sätze vervollständigen

Dein Sprachgefühl sagt dir, ob ein Satz vollständig ist.
So ein Sprachgefühl hat man nur in der Muttersprache/Erstsprache.

A Lies jeden Satz ganz genau. Du wirst merken, dass an manchen Stellen ein Wort fehlt. Ergänze es wie im Mustersatz.

bei

Heute schläft Max Onkel Rochus.

Am Abend erzählt der Onkel gruselige Geschichte.

Max nicht einschlafen.

Er denkt immer die Geschichte.

Doch dann wird müde, und die fallen zu.

Um Mitternacht hat er fürchterlichen Traum.

Max wacht und will den Onkel .

Onkel Rochus laut: Ch, ch, ch …

Max kann mehr einschlafen.

Nie wieder Gruselgeschichte am Abend!

B Schreibe die vollständige Geschichte in dein Übungsheft.

39 Wörter im Satz verändern

Bei Namenwörtern, Tunwörtern und Wiewörtern hast du schon erfahren, dass sie sich verändern können. Auch Begleiter verändern sich in einem Satz.

A **Lies jeden Satz genau. Die farbig unterlegten Wörter müssen noch in die richtige Form gebracht werden. Schreibe jeden Satz richtig darunter.**

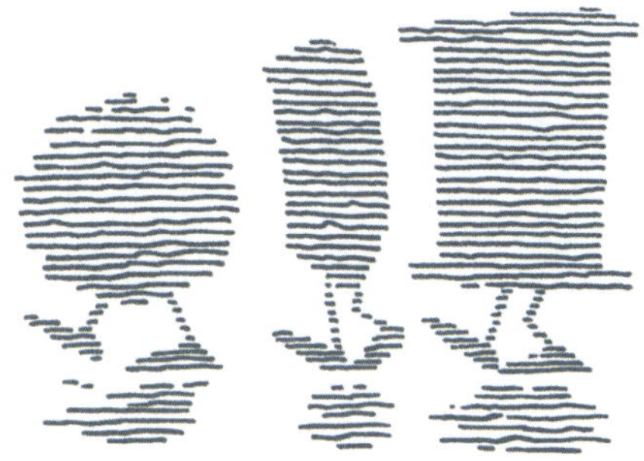

Ein Nebeltag

Heute sein es in die Früh nebelig.

___

Man sehen nicht einmal der Kirchturm.

___

Mein Mutter mahnen:

___

„Vorsicht vor das Auto!“

___

Jeder Autofahrer fahren langsam.

___

Ich gehen ganz an Straßenrand

___

und kommen sicher zu Schule.

___

B **Schreibe die veränderten Wörter so auf: *sein – ist, die – …***

40 Mit Sätzen fragen, auffordern und erzählen

Du kannst mit einem Satz jemanden fragen, jemanden auffordern oder auch jemandem etwas erzählen oder mitteilen. Beim Schreiben setzt du die entsprechenden Satzschlusszeichen: Fragezeichen, Rufzeichen, Punkt.

A **Lies jede Sprechblase. Setze das Satzschlusszeichen.**

B **Schreibe drei Fragen und drei Aufforderungen in dein Übungsheft.**

41 Sätze nach einem Muster schreiben

Aller Anfang ist schwer! Wir beginnen daher mit einem ganz einfachen Text. Alle Sätze beginnen gleich.

A **Überlege, was (d)ein Hund alles kann. Es können auch lustige Dinge sein. Ergänze dann die Sätze.**

Ich bin ein Hund

Ich kann sehr laut bellen.

Ich kann ______________________________.

Ich kann ______________________________.

Ich kann ______________________________.

Ich kann ______________________________.

Ich kann ______________________________.

Ich kann ______________________________.

Ich kann ______________________________.

Ich kann ______________________________.

Ich kann ______________________________.

Ich kann ______________________________.

Ich kann ______________________________.

B **Schreibe von deinem Lieblingstier acht Sätze auf.**

42 Die Reihenfolge beachten

In einem Text muss die Handlung immer in der richtigen Reihenfolge erzählt werden. Sonst kennen sich die Leserinnen und Leser des Textes nicht aus.

A **Lies die Sätze aufmerksam. Nummeriere die Sätze in der richtigen Reihenfolge. Schreibe die Sätze in der richtigen Reihenfolge auf.**

Der Meisterkoch

- ◯ Der Toast schmeckt gut.
- ◯ Er macht seine Lieblingsspeise – Toast.
- ◯ Sie muss im Bett bleiben.
- 1 Heute hat meine Mutter Fieber.
- ◯ Max meint: „Du bist ein Meisterkoch.“
- ◯ Mein Vater kocht für uns.
- ◯ Vater ruft: „Kommt zum Essen!“

____

____

____

____

____

____

____

____

____

B **Schreibe die Geschichte so, als wäre sie schon vor zwei Wochen passiert:**
Vor zwei Wochen hatte meine Mutter Fieber. Sie …

43 Personenrätsel schreiben

In einem Personenrätsel darfst du den Namen einer Person nicht verraten. Du musst aber so viel mitteilen, dass der Leser die Person erraten kann. Im folgenden Text wäre das ohne Zeichnung nicht möglich.

A Lies den Text durch. Erweitere die Sätze und schreibe den Text neu. Beachte dabei die Zeichnung.

B Wähle selbst eine Person aus und schreibe ein Rätsel in dein Übungsheft.

44 Jemanden höflich auffordern

Du weißt schon: Mit Sprache kannst du auch jemanden auffordern. Mehr erreichst du, wenn du dabei höflich bist.

A **Forme die unhöflichen Aufforderungen in höfliche um.**

B **Wähle vier Aufforderungen aus und schreibe sie so in dein Übungsheft:** ***Florian bittet: „Sei so nett und …!“***

45 Ein Kochrezept schreiben

Bei einem Rezept müssen die Arbeitsschritte in der richtigen Reihenfolge beschrieben werden. Gestalte die Satzanfänge abwechslungsreich. Statt *Dann … Dann …* schreibst du besser *Dann … Nun … Danach … Zum Schluss.*

A Lies die Arbeitsschritte gut durch. Schreibe dann die Anleitung in ganzen Sätzen. Zeichne dazu.

Eieraufstrich

125 Gramm Topfen und 4 Esslöffel Rahm verrühren

Zuerst verrührst du …

die Masse mit Salz und Pfeffer würzen

drei gekochte Eier fein hacken, mit dem Rahm vermischen

den Aufstrich in eine Schüssel füllen

mit Schnittlauch bestreuen

B Schreibe ein Rezept zum Zubereiten eines Obstsalates in dein Übungsheft.

46 Eine Bastelanleitung schreiben

Bei einer Bastelanleitung gilt dasselbe wie bei einer Kochanleitung: Reihenfolge genau einhalten, verschiedene Satzanfänge!

A **Schreibe die Bastelanleitung fertig. Die Bilder und Stichwörter helfen dir dabei.**

Ein Windrad

Holzstab, Naturpapier, quadratisch, Perle, Stecknadel besorgen

Zuerst musst du dir ...

Striche, zwischen Ecken, einzeichnen

fast bis zur Mitte einschneiden

jede zweite Ecke gegen die Mitte biegen, Stecknadel durchstechen

Nadel, Holzstab, einstechen, dazwischen Perle, fertig

B **Überprüfe die Bastelanleitung und baue selbst ein Windrad.**

47 Texte für Sprechblasen schreiben

Sprechblasen kennst du wahrscheinlich von Comics. In Sprechblasen steht, was Menschen direkt sagen. Vielleicht bist du mit deinen Eltern schon einmal in einem Verkehrsstau gestanden. Was könnten die Autoinsassinnen und Autoinsassen so alles gesagt haben?

A **Schreibe auf, was in den Autos gesprochen wird. Denk dir Lustiges aus.**

B **Vor einem Sessellift stehen Schifahrerinnen und Schifahrer in einer langen Schlange. Was könnten die Leute sprechen? Schreibe Texte für vier Sprechblasen in dein Übungsheft.**

48 Eine Geschichte ausbauen

Erzählst du eine Geschichte zu kurz, dann bleiben für die Leserin oder den Leser Fragen offen. Die Fragen im folgenden Musterbeispiel sollen dir dabei helfen.

A **Male immer eine Frage und eine passende Antwort mit derselben Farbe an. Schreibe dann die Geschichte.**

Wo ist das passiert?

Wann ist das geschehen?

Wie ist das passiert?

Wie lange bin ich im Krankenhaus geblieben?

Wann habe ich wieder laufen können?

am Ende der Ferien	im Obstgarten	auf einen Baum geklettert	Ast abgebrochen
vom Baum gestürzt	Bein gebrochen	zwei Wochen im Spital	nach acht Wochen

Am Ende der Ferien war ich in unserem Obstgarten.

Ich …

B **Schreibe die Geschichte so auf:** ***Am Ende der Ferien war Leo in unserem Obstgarten. Er kletterte …***

49 Nach Bildern erzählen

Eine Geschichte kann auch in Bildern erzählt werden. Deine Aufgabe ist es, aus der Geschichte in Bildern eine Geschichte in Worten zu machen.

A **Schau dir die Bildfolge genau an. Was ist geschehen? Nummeriere die Bilder. Lies dir dann die Sätze darunter durch. Welcher Satz passt zu welchem Bild? Trage die Bildnummern ein. Schreibe die Geschichte auf.**

◯ Kreide zieht Schwamm von der Schaukel.

◯ Schwamm schaukelt vergnügt.

◯ Da kommt Kreide und will auch schaukeln.

◯ Kreide und Schwamm schaukeln miteinander auf einer Wippe.

◯ Schwamm hat eine Idee.

◯ Die beiden streiten.

____

____

____

____

____

____

B **Schreibe zu Bild 4 zwei Sprechblasen. Was könnten Schwamm und Kreide gesagt haben?**

50 Reimwörter blitzschnell erkennen

Gute Leserinnen und Leser sind auch schnelle Leserinnen und Leser. Je rascher du die Wörter erkennst, desto flotter kannst du lesen.

A **In jeder Zeile gibt es Wörter, die sich mit dem ersten Wort reimen. Übe so oft, bis du die Reimwörter fließend lesen kannst.**

Mund	Hand	rund	Hund	sind	wund	Sand	
Sorte	Sorge	Torte	Taste	Worte	Pfand	Pforte	
Bett	nett	Brot	fett	fort	Bitte	Brett	komplett
Gruppe	Suppe	Puppe	Paddel	Kuppe	Kappe		
Bahn	Bart	Zahn	Zorn	Kahn	Huhn	Hahn	Wahn
Mutter	Mieter	Vater	Butter	Futter	Kater	Motor	
Welle	Quelle	Welt	Zelle	Zelte	Felle	Qualle	
Kind	Kinn	Wind	Wand	sind	Land	geschwind	
Tisch	Fisch	Frosch	frisch	Tuch	Gemisch	zisch	
hasten	halten	falten	fasten	rosten	rasten	tasten	
Masche	Maske	Tisch	Tasche	Tausch	Asche	Flasche	
legen	liegen	Segen	Regen	ragen	pflegen	fegen	
binden	finden	wundern	winden	landen	Linden		
schreiben	schrubben	treiben	traben	bleiben	reiben		

B **Wähle fünf Wörter aus und schreibe sie mit den Reimwörtern in dein Übungsheft.**

51 Die Lesegeschwindigkeit erhöhen

Du hast schon gehört: Schnelles Lesen ist wichtig. Die folgende Übung ist gut geeignet, deine Lesegeschwindigkeit zu prüfen und zu verbessern.

A **Lies zuerst die Wörter des linken Slaloms. Stoppe deine Zeit mit einer Uhr oder einem Handy. Wiederhole den Slalom einige Male. Hast du dich verbessert?**

B **Such dir eine Partnerin oder einen Partner. Beginnt gleichzeitig zu lesen. Wer ist als Erste/r im Ziel?**

52 Unsinn-Wörter lesen

Mit Sprache kann man spielen. Man kann auch Wörter schaffen, die keinen Sinn ergeben. Das Lesen von Unsinnwörtern ist nicht einfach, weil sie uns nicht bekannt sind. Sie sind aber ein gutes Lesetraining.

A **Lies die Worttürme so oft, bis du sie fließend lesen kannst. Lies immer die erste Silbe mit Betonung.**

rela	**ka**peto	**pi**katura	**ka**topifane
noma	**gi**boda	**ga**bodila	**ge**bidafino
godu	**lo**rema	**mo**nalura	**ro**namelita
mera	**to**kiba	**to**pakimu	**ta**pikusawe
luri	**du**gabe	**de**gabusi	**de**gobesaro
luna	**no**mari	**re**lomani	**mu**ralenoka

pekatorisema

dagobilaseta

leraminofeko

kapotilafesa

bigadonafera

nomalirakosa

B **Betone beim Lesen immer eine andere Silbe:**
kapeto – kapeto – kapeto

53 Bilderrätsel lesen

Bei Bilderrätseln musst du Schrift und Bild kombinieren. Am besten gehst du so vor:
Das abgebildete Wort aussprechen und das Wort so verändern, wie im Bilderrätsel angezeigt: + bedeutet zusammensetzen, = bedeutet ersetzen, durchgestrichene Buchstaben werden weggelassen.

A **Versuche die Bilderrätsel zu lösen. Schreibe deinen Lösungsversuch zuerst auf einen Zettel. Überprüfe mit dem Lösungsbuch und trage dann das Wort ein.**

O +  O + Stern = *Ostern*

ge +  ____________

G +  ____________

Kla +  ____________

N +  ____________

Kr +  ____________

f +  ____________

K +  ____________

r +  + en ____________

h +  + en ____________

 + ung ____________

 T = K ____________

 B = Kn ____________

 a = u ____________

 Sch = Pf ____________

 Z = W ____________

 ~~Ge~~ ____________

 ~~l~~ ____________

 S = W ____________

 a = u ____________

 B = G ____________

 ~~M~~ ____________

B **Versuche selbst, einige Bilderrätsel zu bauen.**

54 Den Sinn verändern

Kleine Ursache, große Wirkung!
Wenn man Buchstaben austauscht, hinzufügt oder weglässt, verändert man den Sinn des Wortes. Bei den folgenden Schildern entstehen durch das Verändern lustige Aufschriften.

A **Lies die ursprüngliche Nachricht auf jedem Schild. Lies dann die veränderten Aufschriften.**

B **Zeichne und beschrifte die Schilder mit den neuen Texten.**

55 Schüttelsätze lesen

Bei einem Schüttelsatz ist die Reihenfolge der Wörter durcheinandergeschüttelt worden. Wenn du einmal den Anfang gefunden hast, schaffst du den Satz leichter.

A **Ordne die Wörter so, dass jeweils ein sinnvoller Satz entsteht. Das erste Wort ist färbig.**

KOMME BALD ICH.

BLÜHEN BLUMEN DIE.

LESEN FREUDE MACHT.

ALTE KNARRT DIE TÜR.

GERNE ICH SCHWIMME.

DIE BRÜTET SCHWALBE.

BELLT SCHWARZE HUND DER.

ONKEL DER DIE ZEITUNG LIEST.

ROSEN GARTEN ROTE IM BLÜHEN.

SCHÜLER MEISTENS LERNEN GUTE GERN.

OFT TÜCHTIGE GELD LEUTE VIEL VERDIENEN.

GEKOMMEN IN ALEX ZU DIE SCHULE IST SPÄT.

SCHON KANN EINEN ICH COMPUTER BEDIENEN.

B **Kopiere einen Text. Zerschneide die Sätze in Einzelwörter und vermische diese. Baue die Sätze wieder zusammen.**

56 Buchstaben und Wörter im Text ergänzen

Auch wenn manchmal Buchstaben verdeckt sind, kann man Wörter erlesen. Dabei hilft dir deine Erfahrung. Besonders gut gelingt das, wenn man weiß, wovon der Text handelt.

A **Lies die Texte so oft, bis du sie fließend lesen kannst.**

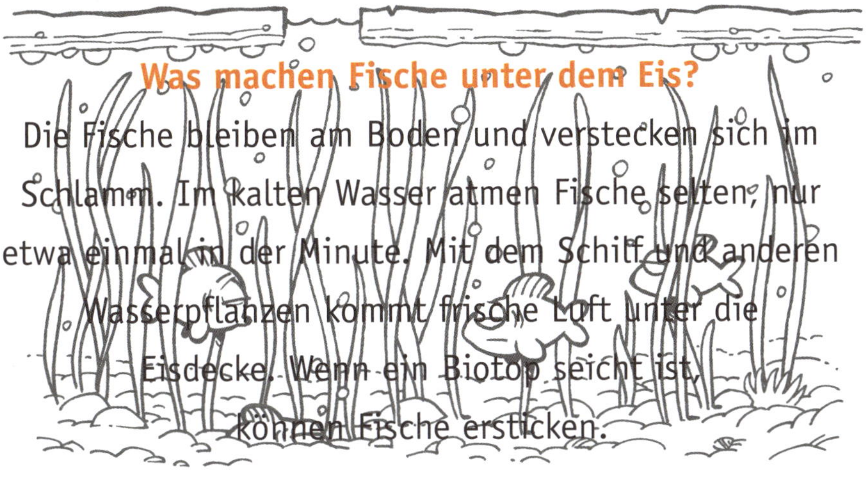

Was machen Fische unter dem Eis?

Die Fische bleiben am Boden und verstecken sich im Schlamm. Im kalten Wasser atmen Fische selten, nur etwa einmal in der Minute. Mit dem Schilf und anderen Wasserpflanzen kommt frische Luft unter die Eisdecke. Wenn ein Biotop seicht ist, können Fische ersticken.

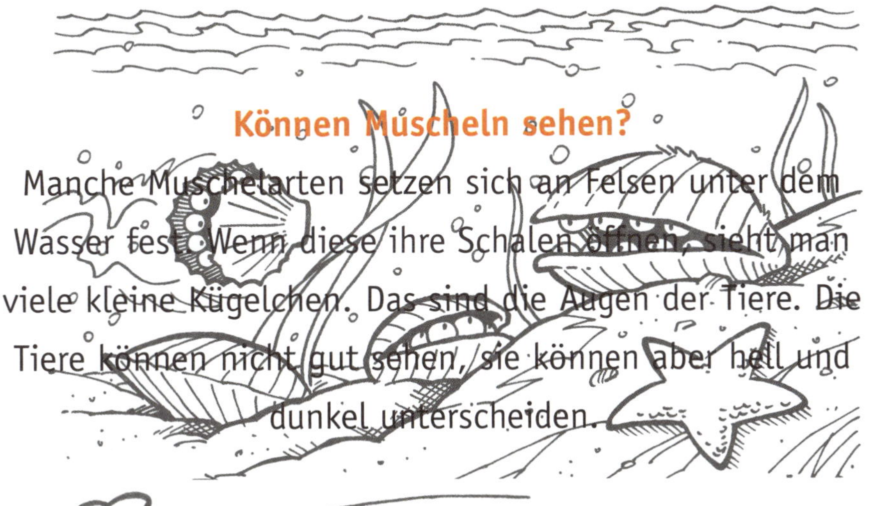

Können Muscheln sehen?

Manche Muschelarten setzen sich an Felsen unter dem Wasser fest. Wenn diese ihre Schalen öffnen, sieht man viele kleine Kügelchen. Das sind die Augen der Tiere. Die Tiere können nicht gut sehen, sie können aber hell und dunkel unterscheiden.

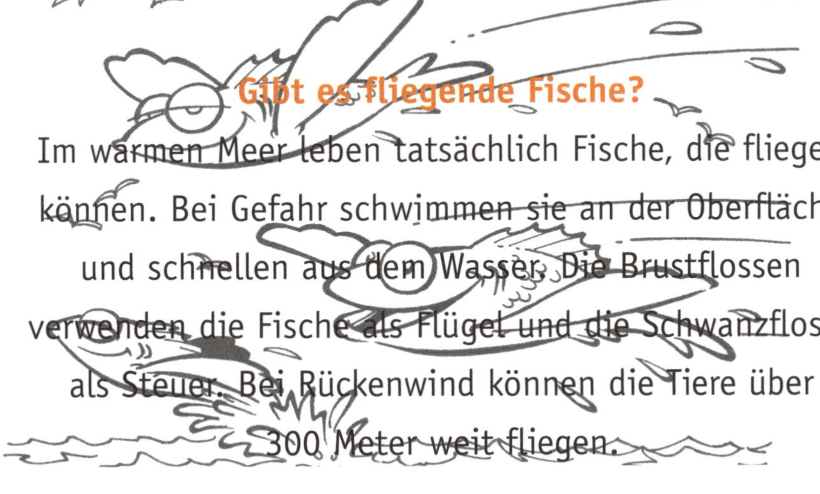

Gibt es fliegende Fische?

Im warmen Meer leben tatsächlich Fische, die fliegen können. Bei Gefahr schwimmen sie an der Oberfläche und schnellen aus dem Wasser. Die Brustflossen verwenden die Fische als Flügel und die Schwanzflosse als Steuer. Bei Rückenwind können die Tiere über 300 Meter weit fliegen.

B **Kopiere Texte aus dem Lesebuch und übermale sie. Je mehr du einzeichnest, desto schwieriger wird das Lesen.**

57 Passende Antworten zu Fragen finden

Durch das richtige Verbinden von Frage und Antwort beweist du, dass du den Sinn des Gelesenen verstanden hast. Bei der folgenden Übung passt zu den Fragen in der linken Hälfte immer eine Antwort in der rechten Hälfte.

A **Lies genau und verbinde dann mit einem Strich.**

Wo wart ihr in den Ferien?	Nein, es ist zu kühl.
Gehen wir heute baden?	Ja, das neueste Modell.
Hast du einen Computer?	Wir waren am Meer.
Isst du gerne Eis?	Wir waren im Kino.
Wo wart ihr gestern?	Es war Tante Julia.
Wer hat angerufen?	Ja, besonders Jogurteis.
Spielt jemand ein Instrument?	Es steht dir recht gut.
Passt mir dieses Kleid?	Ja, Ina spielt Gitarre.
Wie spät ist es?	Weil ich müde bin.
Wann ist Weihnachten?	Es ist neun Uhr.
Haben Lügen Beine?	Am 24. Dezember.
Warum rastest du?	Ja, kurze.
Wie wird das Wetter?	Nach Griechenland.
Wohin fliegt ihr?	Es wird sehr heiß.

B **Kopiere diese Seite. Schneide die Fragen und Antworten aus und klebe sie – richtig zugeordnet – auf ein Blatt Papier oder in dein Übungsheft.**

1 Trage die fehlenden Zahlen bis 30 ein!

1						7			
	12							19	
			24				28		

2 Wie heißt die Zahl?

1 Z 3 E = ______　　3 Z = ______　　4 E = ______

2 Z 1 E = ______　　1 Z = ______　　1 Z 8 E = ______

5 E = ______　　2 Z = ______　　2 Z 4 E = ______

3 Ergänze die Zahlenfolge!

2	4	______	8	10	12	______

3	6	9	______	15	______

4 Trage die Nachbarzahlen ein!

	28		

		17	

		8	

10			

			30

	20		

5 Ergänze die fehlenden Zahlen am Zahlenstrahl!

0 　 4 　 ☐ 　 ☐ 　 ☐ 　 ☐ 　 ☐ 　 ☐ 　 30

1 Sara sieht 3 Hummeln und 4 Wespen. Wie viele Insekten sind das zusammen?

R:

A: Es sind _____ Insekten.

2 Im Wohnzimmer sind 8 Fliegen und in der Küche 10. Wie viele Fliegen sind es insgesamt?

R:

A: Es sind _____ Fliegen.

3 Papa schimpft: „Von 30 Nägeln sind 5 verbogen." Wie viele Nägel sind gerade?

R:

A: _____ Nägel sind gerade.

4 15 Kinder spielen Fangen. 3 Kinder fallen hin. Wie viele Kinder spielen noch?

R:

A: _____ Kinder spielen noch.

5 Am Morgen ist die Klasse leer. Dann kommen 18 Kinder herein. Wie viele Kinder sind jetzt im Klassenzimmer?

R:

A: Es sind _____ Kinder.

6 Andi isst 3 Würstel. Karin isst genauso viele. Wie viele Würstel essen beide?

R:

A: Es sind _____ Würstel.

7 10 Pferde stehen auf der Weide und 3 Pferde im Stall. Wie viele Pferde sind das insgesamt?

R:

A: Es sind _____ Pferde.

Zehnerüberschreitung

Mache zuerst den Zehner voll!

9 + 3 = ______

9 + 1 + 2 = ______

1 Rechne!

8 + 3 = ______	9 + 7 = ______	7 + 6 = ______
7 + 7 = ______	8 + 5 = ______	8 + 9 = ______
6 + 5 = ______	7 + 4 = ______	9 + 6 = ______
5 + 8 = ______	9 + 2 = ______	9 + 5 = ______
7 + 5 = ______	8 + 7 = ______	9 + 4 = ______
6 + 6 = ______	9 + 8 = ______	8 + 4 = ______
5 + 6 = ______	8 + 8 = ______	8 + 6 = ______

2 Welches Ergebnis stimmt? Kreuze an!

8 + 8 =

☐ 14 ☐ 15 ☐ 16 ☐ 17

7 + 8 =

☐ 12 ☐ 13 ☐ 14 ☐ 15

9 + 6 =

☐ 15 ☐ 16 ☐ 17 ☐ 18

3 Sechs Kinder stehen im Kreis und sieben Kinder stehen außerhalb.

R:

A: Das sind zusammen ______ Kinder.

4 Stimmt das? Kreuze an!

9 + 9 = 18 ☐ ja ☐ nein

Rechne auf den Zehner zurück!

14 − 6 = ___

14 − 4 − 2 = ___

1 Rechne!

11 − 2 = ___	14 − 5 = ___	13 − 4 = ___
12 − 8 = ___	11 − 9 = ___	17 − 8 = ___
11 − 4 = ___	16 − 7 = ___	14 − 6 = ___
13 − 5 = ___	12 − 5 = ___	11 − 3 = ___
14 − 8 = ___	11 − 8 = ___	12 − 4 = ___
13 − 6 = ___	14 − 9 = ___	14 − 7 = ___
15 − 6 = ___	12 − 7 = ___	12 − 6 = ___

2 Auf der Terrasse stehen 11 Blumentöpfe. Der Wind wirft 3 Töpfe um.

R:

A: Es stehen noch ___ Töpfe.

3 Überprüfe die Rechnungen! Hake das Richtige an! Stelle Falsches richtig!

11 − 7 = 4 ✓	17 − 9 = 8 ☐	16 − 8 = 9 ☐
14 − 5 = ~~19~~ 9	11 − 5 = 9 ☐	14 − 7 = 7 ☐
12 − 4 = 16 ☐	12 − 8 = 20 ☐	12 − 5 = 8 ☐
15 − 7 = 8 ☐	11 − 6 = 5 ☐	15 − 8 = 7 ☐
13 − 4 = 8 ☐	13 − 7 = 5 ☐	13 − 8 = 5 ☐
11 − 6 = 6 ☐	14 − 6 = 8 ☐	13 − 6 = 6 ☐

1 Gib dazu oder streiche weg!

3 = 3

2 = 2

0 = 0

4 = 4

2 Ergänze das Gleichzeichen oder die Zahl!

1 ○ 1   2 = ___   ___ = 4

19 ○ ___   ___ ○ 25   29 ○ 29

3 Ergänze das Zeichen für „Nicht gleich“ ≠ und die Zahlen!

4 ≠ ___

3 ○ ___

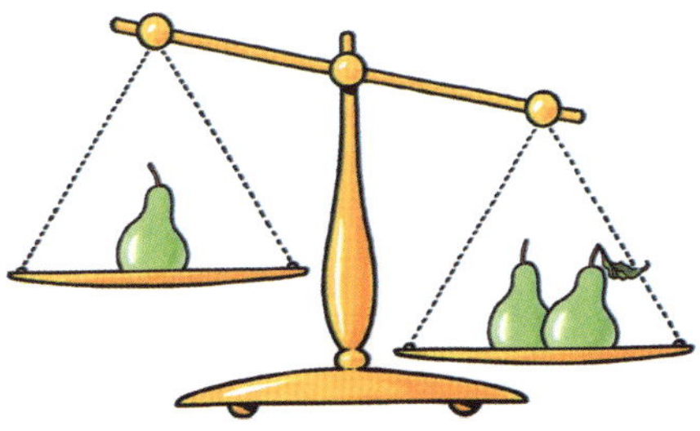

___ ○ ___

___ ○ ___

1 ist kleiner als 4

<

1 Ergänze das Zeichen für „kleiner als“! <

1 ○ ___

___ ○ ___

___ ○ ___

___ ○ ___

2 Ergänze!

13 ○ 14

25 ○ 29

23 ○ 25

___ ○ 1

12 = ___

16 ○ 23

3 Kreise die passende Zahl ein!

14 < 11, 15, 10

17 < 0, 2, 19

26 < 19, 16, 28

29 < 30, 26, 0

Größer als

3 ist größer als 1

1 **Ergänze das Zeichen für „größer als"!** >

3 ○ ___

___ ○ ___

___ ○ ___

___ ○ ___

2 **Ergänze!**

16 ○ 10

21 ○ 20

15 > ___

28 ○ 27

8 > ___

30 ○ 29

3 **Kreise die passende Zahl ein!**

17 > 21, 20, 11

21 > 30, 19, 29

26 > 27, 0, 28

23 > 30, 26, 17

1 Setze > oder < ein!

23 ◯ 21	30 ◯ 21	16 ◯ 20
15 ◯ 26	11 ◯ 14	0 ◯ 30
28 ◯ 10	17 ◯ 29	21 ◯ 20
29 ◯ 30	12 ◯ 6	10 ◯ 1

2 Kreuze an!

Ist 14 größer als 10? ☐ ja ☐ nein

3 Kreuze das Richtige an!

Lina hat geschrieben:	Ria hat geschrieben:
☐ 24 > 21	☐ 24 < 21

4 Rechne zuerst und vergleiche dann! Setze =, > oder < ein!

14 + 9 ◯ 24	23 − 3 ◯ 21
9 + 5 ◯ 14	27 + 3 ◯ 29
19 − 7 ◯ 13	30 − 20 ◯ 10
1 + 10 ◯ 9	12 − 8 ◯ 3

5 Um wie viel ist 23 größer als 19? ______

6 Um wie viel ist 29 kleiner als 30? ______

7 Um wie viel ist 0 kleiner als 30? ______

Super, das kann ich!

1 **Simon hat 8 € in der Geldtasche. Er kauft einen Bleistift um 1 €. Welche Frage passt? Kreuze an!**

- ☐ In welche Klasse geht Simon?
- ☐ Wie viel kostet ein Radiergummi?
- ☐ Wie viel Geld hat Simon jetzt?
- ☐ Wann geht Simon einkaufen?

2 **Schreibe die Zahlen zwischen 9 und 18 auf!**

____

3 **Plus- und Minusaufgaben einmal anders – rechne!**

+	5	8	7
3			
12			

–	6	4	3
9			
18			

4 **Laura hat 12**  **. Sie verliert 4.**

R:

A: Laura hat noch ____  .

5 **Setze < oder > ein!**

14 ◯ 24   21 ◯ 12   30 ◯ 13

25 ◯ 15   20 ◯ 24   27 ◯ 17

8 ◯ 12   16 ◯ 18   6 ◯ 26

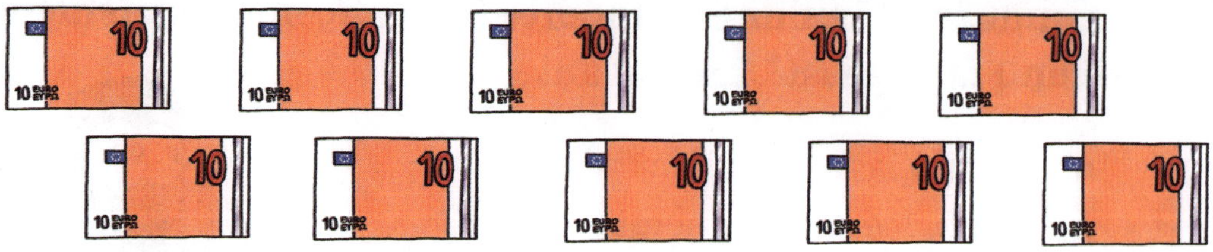

10 + 10 + 10 + 10 + 10 + 10 + 10 + 10 + 10 + 10 = ____

1 Wie viele Euro sind es?

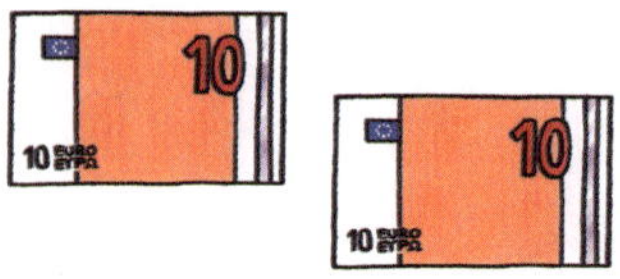	____ €
	____ €
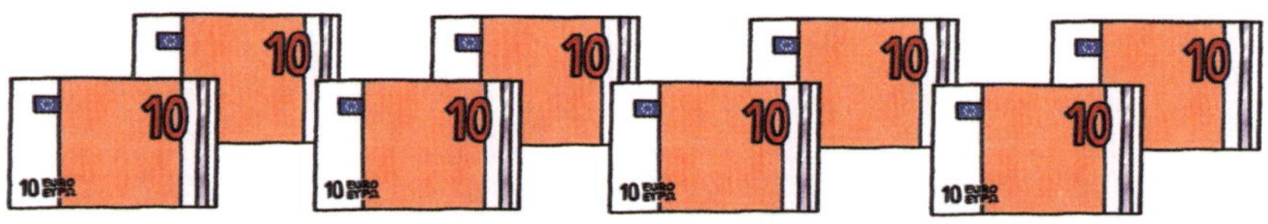	____ €
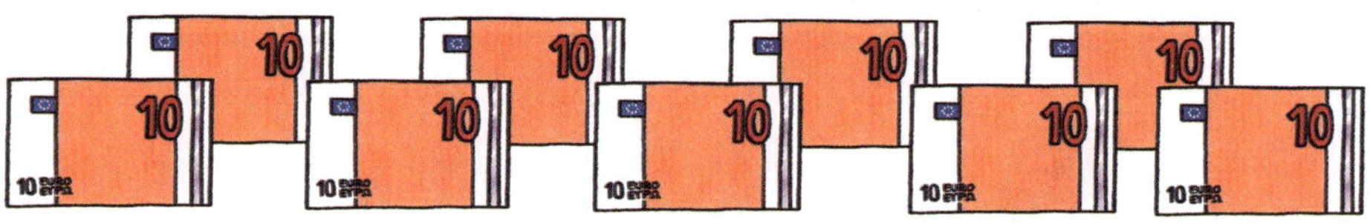	____ €

2 Ergänze!

	Z	E
20		

	Z	E
19		

	Z	E
90		

	Z	E
36		

	Z	E
76		

	Z	E
59		

	Z	E
48		

	Z	E
89		

	Z	E
67		

1 **Das sind Teile aus dem Hunderterfeld. Ergänze die fehlenden Zahlen!**

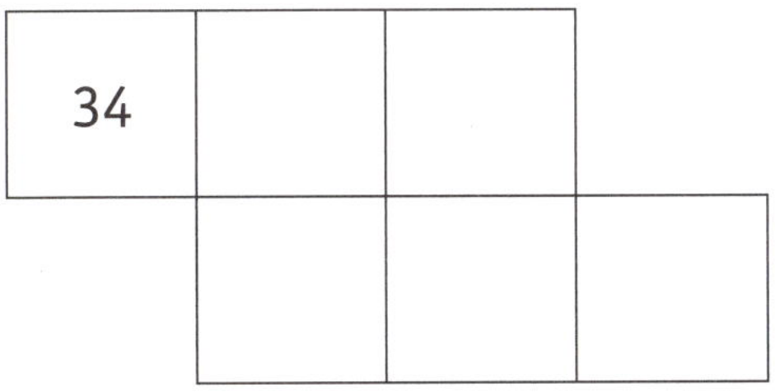

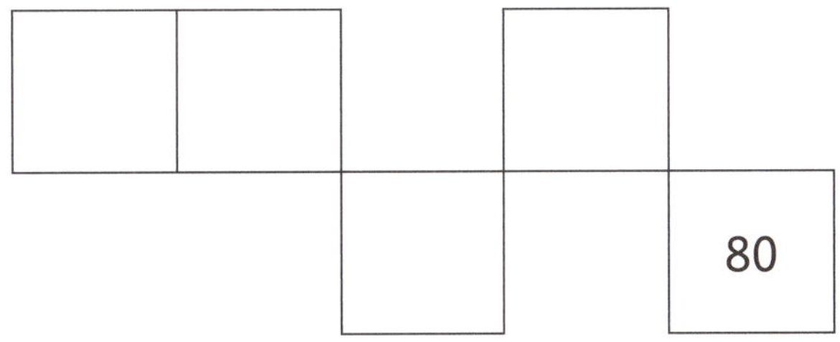

2 **In welchem Zahlenfeld hat sich Schwamm versteckt?**

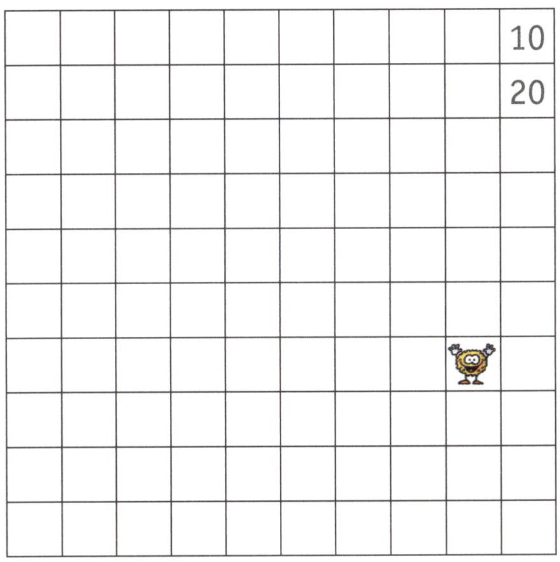

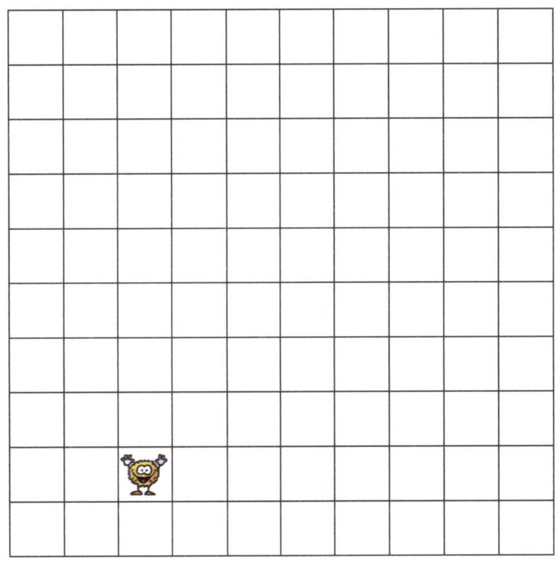

3 **Setze >, < oder = ein!**

5 Z 6 E ◯ 56	45 ◯ 5 Z 4 E	63 ◯ 6 Z 1 E
78 ◯ 8 Z 7 E	8 Z 1 E ◯ 18	3 Z 4 E ◯ 34
9 Z 7 E ◯ 96	36 ◯ 3 Z 6 E	1 Z ◯ 10 Z

1 **Rechne von der Zahl 67 nur die Einer weg! Wie heißt das Ergebnis?**

R:

A: ______________________________

2 **20 Bälle liegen im Netz. Es sind aber 26 Kinder. Wie viele Kinder bekommen keinen Ball?**

R:

A: ______________________________

3 **Fabian hat schon 50 € gespart. Er bekommt noch 5 € geschenkt.**

R:

A: ______________________________

4 **In einer Dose sind 45 Glassteine. Julia nimmt 5 heraus.**

Wie heißt die passende Frage? Kreuze an!

- ☐ Wie groß ist die Dose?
- ☐ Welche Haarfarbe hat Julia?
- ☐ Wie viele Glassteine sind noch in der Dose?
- ☐ Welche Farben haben die Steine?

5 **Frau Binder kauft um 30 € Lebensmittel. Beim Bäcker bezahlt sie noch 5 €.**

Wie heißt die passende Frage? Kreuze an!

- ☐ Wie viel bezahlt Frau Binder insgesamt?
- ☐ Wie viel Geld gibt sie beim Frisör aus?
- ☐ Wie schwer ist die Einkaufstasche?
- ☐ Wie lange braucht Frau Binder fürs Einkaufen?

6 **Rainer rechnet:** **58 – 8 = 50**

Stimmt das Ergebnis? ☐ ja ☐ nein

1 Plusergänzungen

32 + ______ = 38　　53 + ______ = 56　　73 + ______ = 75

93 + ______ = 96　　82 + ______ = 89　　44 + ______ = 48

56 + ______ = 59　　66 + ______ = 69　　61 + ______ = 66

45 + ______ = 49　　91 + ______ = 95　　55 + ______ = 59

63 + ______ = 67　　35 + ______ = 38　　34 + ______ = 36

74 + ______ = 79　　94 + ______ = 98　　83 + ______ = 87

2 Minusergänzungen

86 – ______ = 81　　59 – ______ = 52　　37 – ______ = 32

48 – ______ = 45　　69 – ______ = 61　　78 – ______ = 74

96 – ______ = 93　　86 – ______ = 83　　57 – ______ = 53

79 – ______ = 76　　98 – ______ = 92　　39 – ______ = 31

67 – ______ = 63　　47 – ______ = 41　　87 – ______ = 85

3 Ergänze!

52 + ______ = 57　　91 + ______ = 98　　43 + ______ = 47

68 – ______ = 62　　65 – ______ = 61　　52 – ______ = 51

31 + ______ = 38　　33 + ______ = 36　　97 + ______ = 99

76 – ______ = 73　　89 – ______ = 85　　77 – ______ = 72

54 + ______ = 59　　78 + ______ = 79　　63 + ______ = 69

88 – ______ = 81　　54 – ______ = 52　　36 – ______ = 32

76 —(+ 4)→ 80 —(+ 20)→ 100

Ergänze auf den nächsten Zehner! | Ergänze auf 100!

1 Ergänze!

51 + ☐ → ☐ + ☐ → 100

34 + ☐ → ☐ + ☐ → 100

47 + ☐ → ☐ + ☐ → 100

79 + ☐ → ☐ + ☐ → 100

2 Rechne! Denke an den nächsten reinen Zehner!

32 + ______ = 100	85 + ______ = 100	91 + ______ = 100
47 + ______ = 100	59 + ______ = 100	64 + ______ = 100
8 + ______ = 100	23 + ______ = 100	73 + ______ = 100
65 + ______ = 100	52 + ______ = 100	87 + ______ = 100
99 + ______ = 100	16 + ______ = 100	4 + ______ = 100
46 + ______ = 100	78 + ______ = 100	37 + ______ = 100

3 Richtig oder falsch? Bemale!

69 + 41 = 100

7 + 93 = 100

Auf hundert ergänzen

1 **Wie viel fehlt auf 100? Rechne!**

83 + ______ = 100	32 + ______ = 100	78 + ______ = 100
92 + ______ = 100	85 + ______ = 100	42 + ______ = 100
58 + ______ = 100	63 + ______ = 100	11 + ______ = 100
76 + ______ = 100	21 + ______ = 100	99 + ______ = 100
47 + ______ = 100	65 + ______ = 100	53 + ______ = 100

2 **Ergänze!**

100	
68	
77	
6	

100	
45	
32	
86	

100	
24	
91	
53	

100	
49	
17	
74	

3 **Jana liest jeden Tag in ihrem Buch. Es hat 100 Seiten. 56 Seiten hat sie schon gelesen. Wie viele Seiten kann sie noch lesen?**

R:

A: ______________________________

4 **Peter hat 47 €. Er möchte aber 100 €. Wie viel fehlt ihm noch?**

R:

A: ______________________________

5 **Ergänze!**

90	
86	
37	

80	
54	
23	

100	
42	
95	

70	
16	
61	

Wie viel Geld bekommt jedes Kind zurück?

1 **Bernd kauft einen Radhelm um 25 €.**

R: 25 + ______ = 100 A: ______________________________

____

2 **Sefa kauft Fußballschuhe um 48 €.**

R: A: ______________________________

____

3 **Risa kauft Flossen zum Schwimmen um 18 €.**

R: A: ______________________________

____

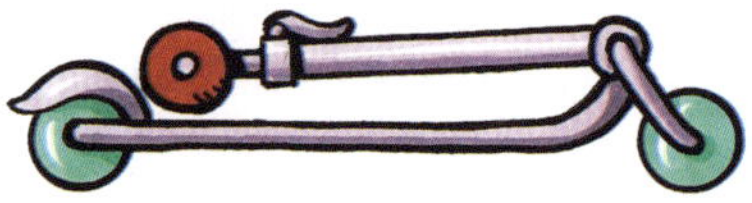

4 **Lina kauft einen Roller um 69 €.**

R: A: ______________________________

____

5 **Lara kauft eine Schultasche um 36 €.**

R: A: ______________________________

____

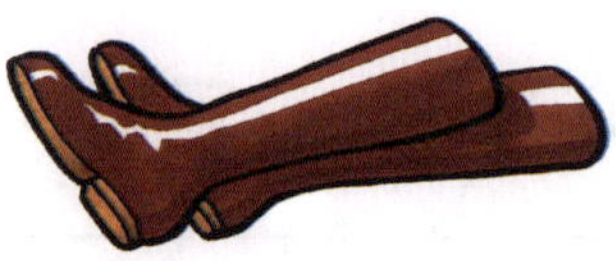

6 **Knut kauft Reitstiefel um 45 €.**

R: A: ______________________________

____

Die Rechnung heißt: 56 + 6

56 —+ 4→ 60 —+ 2→ 62

Ergänze zum nächsten Zehner! Rechne die restlichen Einer dazu!

1 Rechne zuerst auf den nächsten Zehner!

75 + 7 →	75	+ ___ →	___	+ ___ →	___
68 + 9 →	68	+ ___ →	___	+ ___ →	___
83 + 8 →	83	+ ___ →	___	+ ___ →	___
44 + 7 →	44	+ ___ →	___	+ ___ →	___
36 + 6 →	36	+ ___ →	___	+ ___ →	___

2 Rechne!

43 + 8 = ___	14 + 7 = ___	29 + 7 = ___
55 + 6 = ___	86 + 7 = ___	35 + 8 = ___
28 + 9 = ___	39 + 8 = ___	47 + 6 = ___
85 + 7 = ___	67 + 9 = ___	38 + 7 = ___
16 + 9 = ___	48 + 8 = ___	56 + 6 = ___
74 + 8 = ___	69 + 7 = ___	25 + 9 = ___
32 + 9 = ___	79 + 9 = ___	17 + 5 = ___
54 + 8 = ___	63 + 9 = ___	72 + 9 = ___

Rechne zuerst die Zehner, dann die Einer weg!

1 **Rechne weg!**

60 – 24 = ______	100 – 55 = ______	90 – 34 = ______
80 – 47 = ______	80 – 35 = ______	70 – 49 = ______
50 – 33 = ______	50 – 29 = ______	30 – 16 = ______
100 – 52 = ______	40 – 23 = ______	50 – 36 = ______
80 – 44 = ______	30 – 12 = ______	90 – 65 = ______
70 – 38 = ______	60 – 18 = ______	70 – 58 = ______
30 – 13 = ______	90 – 76 = ______	60 – 43 = ______
40 – 19 = ______	80 – 29 = ______	40 – 22 = ______

2 **In der Geldbörse sind 50 €. Anna nimmt 13 € heraus.**

R: A: ______________________________

3 **In eine Schule gehen 70 Kinder. Nach der 4. Stunde haben 18 Kinder aus. Wie viele Kinder sind noch in der Schule?**

R: A: ______________________________

4 **Lena sagt: „Wenn ich von 60 die Zahl 22 wegzähle, dann kommt 48 heraus." Stimmt das?**

☐ ja ☐ nein

5 **Von 40 Spielkarten werden 24 Karten ausgeteilt. Es sind noch ______ Karten auf dem Stapel.**

Die Rechnung heißt: 57 − 9

57 —(− 7)→ 50 —(− 2)→ 48

Rechne zum kleineren Zehner! Rechne die restlichen Einer weg!

1 Rechne!

72 − 9	→ 72	− ☐ →	☐	− ☐ →	☐
84 − 8	→ 84	− ☐ →	☐	− ☐ →	☐
61 − 6	→ 61	− ☐ →	☐	− ☐ →	☐
46 − 8	→ 46	− ☐ →	☐	− ☐ →	☐
93 − 7	→ 93	− ☐ →	☐	− ☐ →	☐
51 − 5	→ 51	− ☐ →	☐	− ☐ →	☐
35 − 7	→ 35	− ☐ →	☐	− ☐ →	☐

2 Schreib die Minusrechnungen auf!

Zähle von 84 die Zahl 8 weg! ______________________

Die Zahl besteht aus 6 Z 4 E. Zähle davon 5 weg! ______________________

Die Zahl liegt zwischen 93 und 95. Zähle davon 7 weg! ______________________

Zähle von 6 Z 2 E die Zahl 6 weg! ______________________

1 **Rechne weg!**

–	6	5	8
52			
84			
33			

–	7	6	9
91			
64			
43			

–	6	8	9
71			
85			
62			

2 **Bemale das richtige Ergebnis gelb!**

24 – 6 =	18	16	46 – 8 =	38	39	42 – 4 =	46	38
68 – 9 =	59	56	36 – 7 =	39	29	71 – 6 =	65	77
92 – 7 =	84	85	41 – 6 =	36	35	56 – 7 =	50	49
45 – 6 =	39	51	85 – 8 =	77	73	66 – 8 =	68	58
53 – 5 =	48	58	74 – 5 =	69	79	22 – 5 =	17	27
61 – 3 =	64	58	25 – 7 =	18	22	81 – 3 =	78	84
82 – 6 =	88	76	62 – 4 =	66	58	95 – 6 =	81	89
74 – 8 =	66	72	54 – 9 =	45	55	31 – 2 =	33	29

3 **Vroni hat 45 € gespart. Sie kauft ein Buch um 8 €.**

R:

A: ______________________________

4 **Herr Waller hat 82 kg. Er nimmt 5 kg ab.**

R:

A: ______________________________

5 **In einem Gasthaus sitzen 85 Gäste. 8 Gäste bezahlen und gehen.**

R:

A: ______________________________

Die Rechnung heißt: 38 + 25

38 —(+ 20)→ 58 —(+ 5)→ 63

Rechne zuerst die Zehner dazu! Rechne die Einer dazu!

1 **In der Pause trinken 18 Kinder Milch und 25 Kinder Kakao. Wie viele Kinder trinken etwas?**

R: A: ______________________

2 **Rechne dazu!**

47 + 25 = ____	68 + 16 = ____	48 + 34 = ____
75 + 17 = ____	56 + 29 = ____	37 + 35 = ____
54 + 29 = ____	44 + 27 = ____	48 + 26 = ____
74 + 18 = ____	53 + 28 = ____	46 + 37 = ____
57 + 28 = ____	76 + 18 = ____	66 + 25 = ____
47 + 37 = ____	68 + 25 = ____	54 + 19 = ____
58 + 27 = ____	75 + 19 = ____	25 + 37 = ____

3 **Die Zahl heißt 45. Zähle 1 Z 8 E dazu!**

____

4 **Eine Rechnung ist falsch ausgerechnet. Finde sie und bemale sie rot!**

36 + 29 = 65	24 + 28 = 52	38 + 18 = 56
58 + 37 = 95	57 + 35 = 92	45 + 36 = 82

Minusrechnungen mit gemischten Zehnern mit Zehnerunterschreitung

Die Rechnung heißt: 74 – 36

74 —(– 30)→ 44 —(– 6)→ 38

Rechne zuerst die Zehner weg! Rechne die Einer weg!

1 **Von 65 Kindern haben 18 Kinder eine Jause mit. Alle anderen kaufen beim Bäcker ein. Wie viele Kinder kaufen beim Bäcker ein?**

R: A: ______________________________

2 **Rechne von vierundsiebzig die Zahl 26 weg!**

____

3 **Rechne zuerst die Zehner und dann die Einer weg!**

52 – 37 = ____	36 – 19 = ____	65 – 47 = ____
93 – 76 = ____	84 – 58 = ____	41 – 27 = ____
54 – 18 = ____	73 – 45 = ____	63 – 38 = ____
45 – 27 = ____	24 – 15 = ____	32 – 16 = ____
53 – 34 = ____	75 – 47 = ____	91 – 74 = ____
44 – 19 = ____	82 – 55 = ____	55 – 28 = ____
21 – 17 = ____	73 – 25 = ____	64 – 36 = ____

4 **Übung macht den Rechenmeister!**

–	37	19	46	28
81				
64				

–	36	27	48	16
71				
52				

1 **Martin hat 37 €. Er bekommt 15 € geschenkt. Kann sich Martin Fußballschuhe um 43 € kaufen?**

R: A: ______________________________

2 **Ein Theaterstück wird in der Schule aufgeführt. In den beiden ersten Klassen sind 39 Kinder und in den zweiten Klassen 47 Kinder. Sie dürfen zusehen.**

R: A: ______________________________

3 **Eine Jacke kostet 74 €. Im Ausverkauf ist sie um 18 € billiger.**

R: A: ______________________________

4 **Jana muss 34 Aufgaben rechnen. Nach 17 Aufgaben macht sie eine Pause. Wie viele Aufgaben muss sie danach noch rechnen?**

R: A: ______________________________

5 **Uli denkt sich eine Zahl aus und zählt 28 dazu. Sie erhält dann 56. Welche Zahl hat sich Uli ausgedacht?**

R: _____ + 28 = 56 A: ______________________________

6 **Welche Zahl ist um 25 größer als 57?**

R: A: Es ist die Zahl _____.

7 **Welche Zahl ist um 36 kleiner als 72?**

R: A: Es ist die Zahl _____.

8 **Die Zahl hat 6 Z 3 E. Zähle 46 weg. Das Ergebnis ist _____.**

SUPER, DAS KANN ICH!

1 **Tini fragt Oma: „Wie alt bist du?“**

Oma sagt: „Rechne zu 46 Jahren die Zahl 8
und dann noch die Zahl 9 dazu!“

R:

A: Oma ist ______ Jahre alt.

2 **Ordne die Zahlen der Größe nach! Beginne mit der größten Zahl!**

38, 79, 16, 35, 76, 91 ⟶

3 **Karla muss von 63 die Zahl 9 wegrechnen. Schreibe und rechne diese Rechnung!**

____

4 **Die Rechnung heißt:** **80 – 6**

Welches Ergebnis stimmt? Kreuze an!

☐ 86 ☐ 47 ☐ 74

5 **Setze > oder < ein!**

56 ◯ 55 89 ◯ 98 35 ◯ 37

6 **Das ist ein Teil des Hunderterfeldes. Eine Zahl ist falsch! Streiche sie durch!**

52	53		54		
	63	64		66	67

1 **Suche die Plus- und die Malrechnung!**

3 + ____ + ____ + ____ = ____

4 • ____ = ____

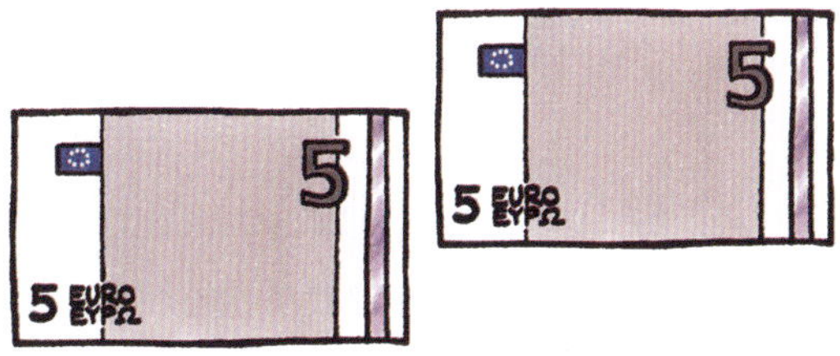

5 + ____ = ____

2 • ____ = ____

____ + ____ + ____ = ____

____ • 6 = ____

____ + ____ + ____ = ____

____ • ____ = ____

____ + ____ + ____ = ____

____ • ____ = ____

2 **Peter bekommt jede Woche 2 € Taschengeld. Wie viele € sind das in 4 Wochen?**

R:

A: ____________________

3 **Lukas hat 3 mal 2 Euro in der Geldtasche. Wie viele € sind das?**

R:

A: ____________________

Das Rechenzeichen für das Teilen sieht so aus: **:**

1 **Samuel hat insgesamt 8 Spielzeugautos. Er teilt sie gerecht mit seinem Freund Heimo.**

R: 8

A: Jeder bekommt ____________.

2 **Mutter hat 9 Rosen. Sie verteilt sie gerecht auf 3 Vasen.**

R:

A: In jeder Vase sind ____________.

3 **Im Säckchen sind 8 Gummibären. 4 Kinder teilen sie gerecht.**

R:

A: Jedes Kind bekommt ____________.

4 **Jutta verteilt 6 Knochen gerecht an ihre 2 Hunde.**

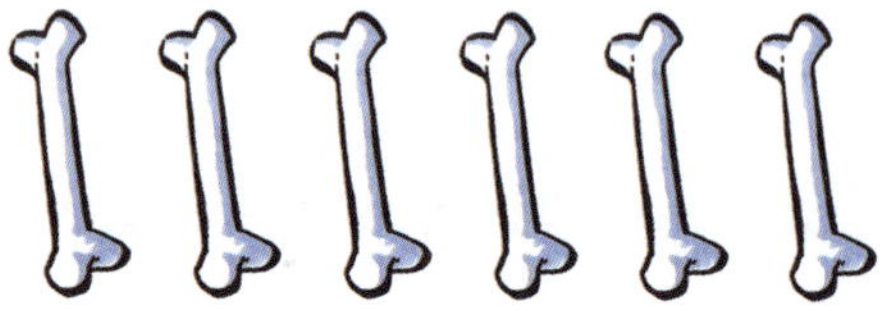

R:

A: Jeder Hund bekommt ____________.

8 : 4 = 2 weil 2 • 4 = 8

Wenn du das Einmaleins gut kannst, kannst du auch das Teilen!

1 **Teile und suche dazu die passende Malrechnung!**

6 : 3 = ______ weil 2 • ______ = ______

8 : 4 = ______ weil ______

10 : 2 = ______ weil ______

8 : 2 = ______ weil ______

4 : 2 = ______ weil ______

6 : 2 = ______ weil ______

10 : 5 = ______ weil ______

2 : 2 = ______ weil ______

9 : 3 = ______ weil ______

4 : 4 = ______ weil ______

2 **Ergänze die Malrechnung und finde dazu die Teilungsrechnung!**

______ • 4 = 8 8 : 4 = ______

______ • 2 = 10 ______

______ • 2 = 6 ______

______ • 5 = 10 ______

______ • 2 = 2 ______

______ • 3 = 9 ______

1 Übe die Malreihen!

9 • 2 = ____	4 • 3 = ____	4 • 4 = ____	7 • 2 = ____
0 • 6 = ____	8 • 10 = ____	6 • 5 = ____	2 • 3 = ____
7 • 6 = ____	2 • 4 = ____	9 • 4 = ____	8 • 2 = ____
5 • 10 = ____	8 • 6 = ____	7 • 3 = ____	5 • 4 = ____
4 • 6 = ____	8 • 3 = ____	9 • 5 = ____	7 • 10 = ____
6 • 6 = ____	0 • 2 = ____	6 • 2 = ____	9 • 6 = ____

2 Übe die Teilungsrechnungen!

20 : 4 = ____	27 : 3 = ____	12 : 6 = ____	54 : 6 = ____
18 : 6 = ____	6 : 6 = ____	30 : 6 = ____	24 : 4 = ____
15 : 3 = ____	28 : 4 = ____	6 : 3 = ____	48 : 6 = ____
24 : 3 = ____	30 : 3 = ____	40 : 4 = ____	16 : 4 = ____
24 : 6 = ____	42 : 6 = ____	12 : 4 = ____	21 : 3 = ____
32 : 4 = ____	36 : 4 = ____	18 : 3 = ____	60 : 6 = ____

3 Paula bäckt mit Mama Kekse. Auf das Blech passen 3 Reihen und in jeder Reihe sind 6 Stück. Welche Rechnung passt zu dieser Rechengeschichte? Kreuze an!

☐ 6 : 3 ☐ 3 • 6 ☐ 6 – 3 ☐ 6 + 3

4 Finde zu jeder Ergebniszahl die passende Malrechnung!

9 = ____ • ____	54 = ____ • ____	3 = ____ • ____
32 = ____ • ____	21 = ____ • ____	25 = ____ • ____
15 = ____ • ____	1 = ____ • ____	27 = ____ • ____

2 • 4 = ______ oder 4 • 2 = ______

1 Finde die Tauschaufgaben!

2 • 10 = ______ oder 10 • ______ = ______

3 • 4 = ______ oder 4 • ______ = ______

6 • 5 = ______ oder ______ • 6 = ______

3 • 6 = ______ oder ______ • ______ = ______

5 • 3 = ______ oder ______ • ______ = ______

6 • 2 = ______ oder ______ • ______ = ______

5 • 1 = ______ oder ______ • ______ = ______

2 Ordne die Tauschaufgaben zu!

4 • 6 | 5 • 10 | 6 • 1 | 1 • 6

6 • 4 | 3 • 6 | 2 • 10 | 10 • 2

10 • 5 | 4 • 5 | 6 • 3 | 5 • 4

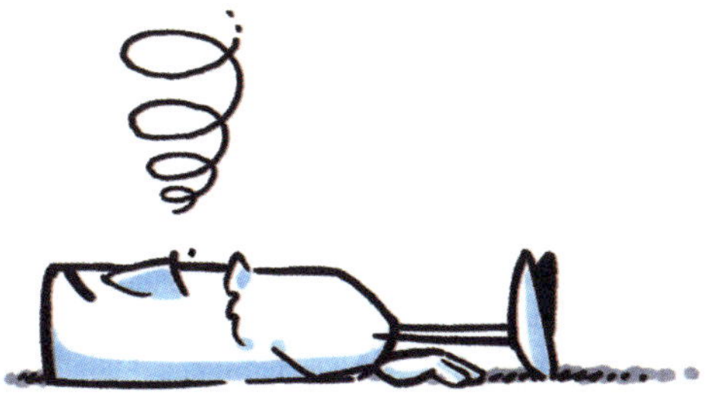

1 Übe die Malreihen!

7 • 2 = ___	24 = ___ • 8	___ • 4 = 16	45 = 5 • ___
___ = 8 • 4	72 = 8 • ___	54 = ___ • 6	___ • 2 = 20
8 • 3 = ___	___ • 9 = 18	___ = 9 • 4	8 • ___ = 40
3 • 5 = ___	5 • 6 = ___	5 • ___ = 45	56 = ___ • 8
___ • 9 = 81	___ • 6 = 42	___ • 6 = 48	80 = 8 • ___
6 • ___ = 36	18 = ___ • 9	4 • 6 = ___	8 • 8 = ___

2 Übe die Teilungsrechnungen!

12 : 3 = ___	24 : 6 = ___	20 : 4 = ___	48 : 6 = ___
25 : 5 = ___	30 : 5 = ___	56 : 8 = ___	24 : 3 = ___
40 : 8 = ___	45 : 9 = ___	81 : 9 = ___	20 : 2 = ___
30 : 6 = ___	64 : 8 = ___	20 : 5 = ___	45 : 5 = ___
40 : 4 = ___	35 : 5 = ___	36 : 4 = ___	12 : 6 = ___
18 : 6 = ___	12 : 2 = ___	14 : 2 = ___	16 : 4 = ___

3 Wo wohnen die Kinder? Schreibe ihre Hausnummern auf!

Lea	Leo	Tim	Tom
7 • 6 + 3	6 • 2 + 3	6 • 8 + 5	5 • 9 + 5

Lisa	Andi	Moli	Paul
8 • 5 + 4	7 • 3 + 6	8 • 4 + 3	5 • 6 + 3

Lea wohnt in der Schulstraße ___.

Leo wohnt in der Boschstraße ___.

Tim wohnt in der Lindstraße ___.

Tom wohnt in der Bergstraße ___.

Lisa wohnt in der Dorfstraße ___.

Andi wohnt in der Bahnstraße ___.

Moli wohnt in der Bachstraße ___.

Paul wohnt in der Hofstraße ___.

1 Übe die Malreihen!

_____ • 9 = 81
48 = _____ • 6
7 • _____ = 35
_____ • 10 = 50
9 • _____ = 9
6 • _____ = 12

20 = _____ • 5
64 = 8 • _____
_____ • 9 = 18
8 • _____ = 56
_____ • 9 = 72
0 = _____ • 8

_____ • 3 = 12
_____ = 6 • 6
_____ = 9 • 5
7 • _____ = 28
_____ • 6 = 54
_____ • 9 = 0

49 = 7 • _____
_____ • 8 = 16
8 • _____ = 24
25 = _____ • 5
8 • _____ = 80
9 • _____ = 63

2 Übe die Teilungsrechnungen!

27 : 9 = _____
16 : 2 = _____
15 : 5 = _____
20 : 2 = _____
24 : 4 = _____
36 : 6 = _____

21 : 3 = _____
48 : 6 = _____
32 : 4 = _____
18 : 2 = _____
40 : 5 = _____
72 : 8 = _____

81 : 9 = _____
63 : 7 = _____
48 : 8 = _____
56 : 7 = _____
28 : 4 = _____
14 : 7 = _____

64 : 8 = _____
36 : 9 = _____
42 : 7 = _____
16 : 8 = _____
42 : 6 = _____
63 : 9 = _____

3 Ergänze die Zahlenfolgen!

3		9				21		27	

	8					28	32		

8			32	40				72	

	14	21							70

	12	18						54	

1 **Übe jeden Tag 2 Spalten!**

•	7
3	
5	
7	
9	
8	
10	
1	
6	
2	
0	
4	

•	1
0	
9	
6	
8	
10	
2	
3	
4	
7	
1	
5	

•	8
2	
6	
4	
10	
3	
9	
7	
1	
5	
8	
0	

•	5
3	
0	
7	
8	
2	
9	
4	
10	
6	
1	
5	

•	2
9	
7	
4	
2	
8	
6	
1	
0	
10	
5	
3	

•	3
0	
4	
1	
7	
3	
5	
9	
2	
10	
8	
6	

•	6
5	
8	
6	
0	
9	
2	
7	
10	
1	
3	
4	

•	9
6	
0	
5	
7	
1	
8	
3	
9	
4	
10	
2	

•	4
1	
3	
9	
2	
6	
4	
10	
5	
0	
7	
8	

•	10
7	
10	
3	
4	
8	
0	
1	
5	
2	
6	
9	

Es sind 3 Spalten. Hast du in einer Spalte alle Rechnungen richtig?

Dann darfst du eine Blume anmalen.

1. TAG

4 • 2 = ____	0 • 7 = ____	5 • 3 = ____
3 • 9 = ____	8 • 4 = ____	2 • 5 = ____
6 • 6 = ____	9 • 1 = ____	7 • 8 = ____
1 • 0 = ____	5 • 4 = ____	4 • 6 = ____
9 • 2 = ____	2 • 7 = ____	7 • 9 = ____
0 • 0 = ____	7 • 4 = ____	5 • 6 = ____
8 • 9 = ____	2 • 8 = ____	9 • 3 = ____
1 • 2 = ____	6 • 7 = ____	4 • 5 = ____

2. TAG

10 • 6 = ____	1 • 7 = ____	6 • 4 = ____
8 • 8 = ____	0 • 5 = ____	7 • 2 = ____
2 • 3 = ____	4 • 0 = ____	3 • 1 = ____
5 • 9 = ____	3 • 4 = ____	6 • 2 = ____
7 • 7 = ____	3 • 8 = ____	8 • 6 = ____
1 • 5 = ____	5 • 0 = ____	9 • 5 = ____
4 • 3 = ____	10 • 9 = ____	1 • 1 = ____
6 • 9 = ____	5 • 2 = ____	4 • 4 = ____

3. TAG

5 • 5 = ______
8 • 0 = ______
7 • 0 = ______
9 • 7 = ______
1 • 6 = ______
2 • 4 = ______
3 • 2 = ______
1 • 9 = ______

7 • 3 = ______
10 • 7 = ______
6 • 5 = ______
4 • 8 = ______
3 • 3 = ______
4 • 1 = ______
10 • 8 = ______
7 • 5 = ______

9 • 8 = ______
2 • 6 = ______
5 • 1 = ______
8 • 2 = ______
0 • 9 = ______
8 • 3 = ______
9 • 0 = ______
3 • 6 = ______

4. TAG

10 • 4 = ______
2 • 9 = ______
7 • 1 = ______
2 • 2 = ______
1 • 3 = ______
6 • 8 = ______
6 • 1 = ______
10 • 5 = ______

5 • 7 = ______
6 • 0 = ______
9 • 6 = ______
8 • 7 = ______
8 • 5 = ______
2 • 0 = ______
7 • 6 = ______
10 • 1 = ______

9 • 4 = ______
3 • 5 = ______
5 • 8 = ______
4 • 9 = ______
3 • 7 = ______
9 • 9 = ______
1 • 4 = ______
3 • 0 = ______

Ein Maßband aus Papier im Möbelhaus ist 1 Meter (1 m) lang.

1 **Schätze, ob die Dinge länger oder kürzer als 1 m sind, und trage ein!**

Schere: kürzer als 1 m

Aussichtsturm: ______

Laufstrecke: ______

Armband: ______

Länge eines Schiffes: ______

Füllfeder: ______

Auf dem Maßband sind
100 Zentimeter eingezeichnet.
1 Meter = 100 Zentimeter
1 m = 100 cm

2 **Rechne und ergänze!**

1 m – 90 cm = ______ cm	23 cm + ______ cm = 1 m
1 m – 60 cm = ______ cm	75 cm + ______ cm = 1 m
1 m – 30 cm = ______ cm	51 cm + ______ cm = 1 m
1 m – 10 cm = ______ cm	97 cm + ______ cm = 1 m
1 m – 70 cm = ______ cm	49 cm + ______ cm = 1 m
1 m – 40 cm = ______ cm	88 cm + ______ cm = 1 m
1 m – 50 cm = ______ cm	14 cm + ______ cm = 1 m
1 m – 80 cm = ______ cm	62 cm + ______ cm = 1 m

1 **Miss mit dem Lineal genau ab!**

2 cm ⊢______________________________
0

11 cm ⊢______________________________
0

7 cm ⊢______________________________
0

10 cm ⊢______________________________
0

5 cm ⊢______________________________
0

9 cm ⊢______________________________
0

2 **Wie lang sind die Seiten dieser Vierecke? Miss ab und trage ein!**

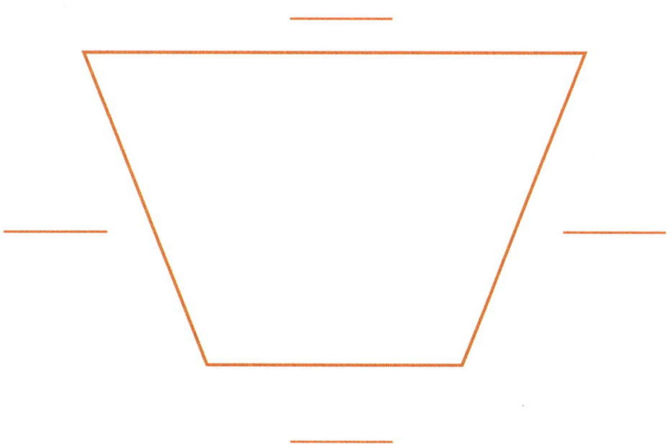

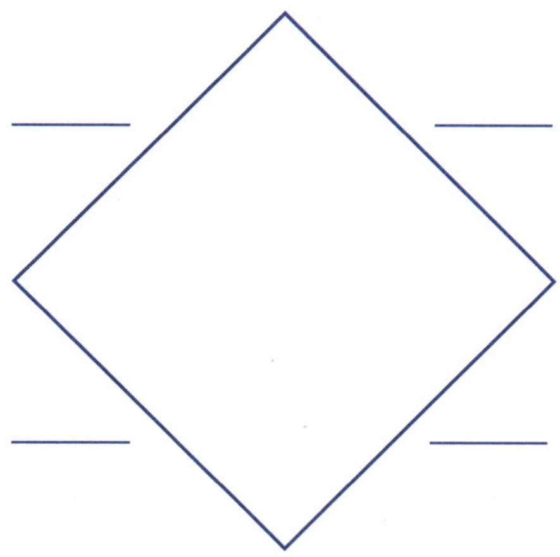

3 **Ein Nagel ist länger als 1 m. Stimmt das?** ☐ ja ☐ nein

4 **Das Maßband ist 1 m lang. Der Maßstab ist 100 cm lang.**
Wie groß ist der Unterschied? ______________________

Statt 10 Zentimeter sagt man auch 1 Dezimeter.

1 m = 10 dm   1 dm = 10 cm

1 Ordne die Längen richtig zu!

1 cm   5 cm   1 dm   3 dm

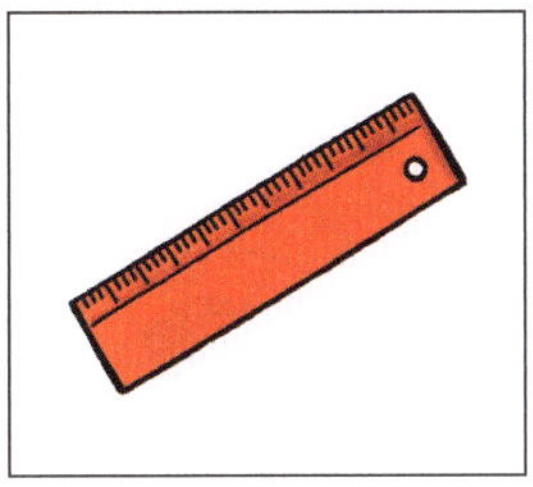

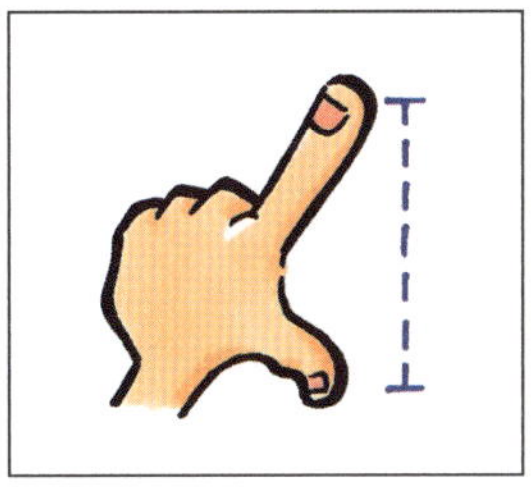

______   ______   ______   ______

2 Rechne!

1 m – 5 dm = ____ dm   1 m – 9 dm = ____ dm   1 m – 1 dm = ____ dm

1 m – 3 dm = ____ dm   1 m – 7 dm = ____ dm   1 m – 6 dm = ____ dm

3 Wandle um!

5 dm = ____ cm   3 dm 5 cm = ____ cm   5 dm 3 cm = ____ cm

2 dm = ____ cm   7 dm 2 cm = ____ cm   4 dm = ____ cm

8 dm = ____ cm   4 dm 6 cm = ____ cm   8 dm 3 cm = ____ cm

6 dm = ____ cm   8 dm 7 cm = ____ cm   9 dm 6 cm = ____ cm

3 dm = ____ cm   9 dm 1 cm = ____ cm   7 dm = ____ cm

4 Vergleiche! Setze > oder < ein!

52 cm ◯ 5 dm 5 cm   38 cm ◯ 50 dm

3 dm 9 cm ◯ 37 cm   83 dm ◯ 83 cm

19 dm ◯ 91 cm   29 cm ◯ 92 cm

Gewichte – Kilogramm, Dekagramm

1 Laib Brot wiegt so viel wie 1 kg.
1 kg = 100 dag
100 dag = 1 kg

1 **Mama kaufte 1 kg Äpfel. Die Kinder aßen schon 30 dag Äpfel weg.**

R: 1 kg – ________ dag = ________

A: ____

2 **Schreibe die Bezeichnung dag zum Ergebnis!**

1 kg – 32 dag = ____________ 1 kg – 26 dag = ____________

1 kg – 7 dag = ____________ 1 kg – 57 dag = ____________

1 kg – 66 dag = ____________ 1 kg – 13 dag = ____________

1 kg – 82 dag = ____________ 1 kg – 99 dag = ____________

3 **Der Bäcker wiegt Mehl ab. Die Waage zeigt 56 dag an. Der Bäcker braucht aber 1 kg Mehl. Wie viel dag Mehl muss er noch dazugeben?**

R: 56 dag + ________ = 1 kg

A: ____

4 **Schreibe die Bezeichnung dag zum Ergebnis!**

36 dag + ____________ = 1 kg 48 dag + ____________ = 1 kg

29 dag + ____________ = 1 kg 17 dag + ____________ = 1 kg

51 dag + ____________ = 1 kg 69 dag + ____________ = 1 kg

7 dag + ____________ = 1 kg 83 dag + ____________ = 1 kg

5 **Welche Angabe ist genau 1 kg? Kreuze an!**

40 dag	1 dag	78 dag	99 dag	100 dag
☐	☐	☐	☐	☐

1 Herr Max teilt 12 dag Wurst gerecht auf 2 Semmeln. Wie viel dag Wurst sind in jeder Semmel?

R:

A: ______________________________

____

2 Die Köchin richtet 5 Teller für das Frühstück her. Sie gibt auf jeden Teller 3 dag Butter. Wie viel dag Butter sind das insgesamt?

R:

A: ______________________________

____

3 Slatko packt als Jause eine Käsesemmel mit 12 dag und einen Apfel mit 21 dag ein. Um wie viel dag wird die Schultasche schwerer?

R:

A: ______________________________

____

4 Lil und Tim stellen sich gemeinsam auf die Waage. Lil wiegt 21 kg und Tim 29 kg. Sind die beiden schwerer als 50 kg? Kreuze an!

☐ ja ☐ nein

5 Rechne und kreuze an!

85 dag + 15 dag = ____________

☐ Das Ergebnis ist größer als 1 kg.
☐ Das Ergebnis ist kleiner als 1 kg.
☐ Das Ergebnis ist so viel wie 1 kg.

6 Mache die Waage gleich!

50 + ____ dag

56 dag

Das sind unsere Geldmünzen und Geldscheine.

1 **Papa bezahlt im Supermarkt an der Kasse mit einem 50-Euro-Schein und mit einer 1-Euro-Münze.**

Wie viel Geld ist das? ________ €

2 **Herr Bacher bezahlt bei einer Tankstelle mit zwei 20-Euro-Scheinen und einem 5-Euro-Schein.**

Wie viel Geld ist das? ________ €

3 **Mama bezahlt beim Bäcker mit einer 2-Euro-Münze und einer 50-Cent-Münze.**

Wie viel Geld ist das? _____ € _____ c

4 **Peter bezahlt im Geschäft mit einer 1-Euro-Münze und einer 20-Cent-Münze.**

Wie viel Geld ist das? _____ € _____ c

5 **Wer hat weniger Geld im Sparschwein? Kreuze an!**

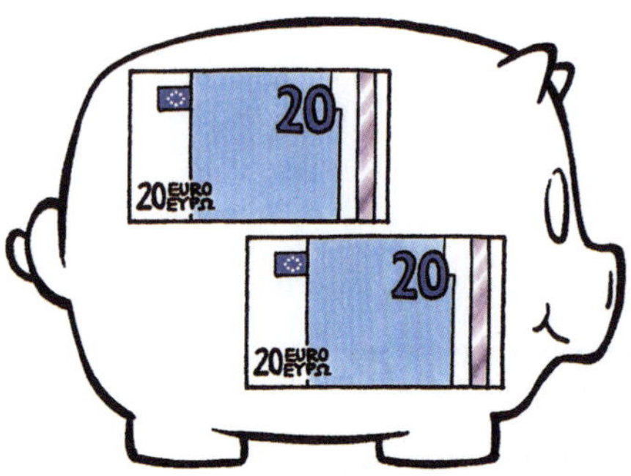

Silke: ________ € ☐ Egon: ________ € ☐

Julian wechselt eine 1-Euro-Münze in Cent um:

1 Euro = 100 Cent

1 € = 100 c

1 Wie viel fehlt auf 1 Euro?

90 c + ______ = 1 €

38 c + ______ = 1 €

63 c + ______ = 1 €

70 c + ______ = 1 €

27 c + ______ = 1 €

81 c + ______ = 1 €

40 c + ______ = 1 €

50 c + ______ = 1 €

100 c + ______ = 1 €

2 Rechne dazu!

1 € 50 c + 2 € = ____ € ____ c

4 € 10 c + 5 € 60 c = ____ € ____ c

3 € 40 c + 30 c = ____ € ____ c

7 € 20 c + 3 € 50 c = ____ € ____ c

5 € 30 c + 4 € 50 c = ____ € ____ c

35 € 60 c + 20 c = ____ € ____ c

58 € 20 c + 4 € = ____ € ____ c

77 € 90 c + 5 € = ____ € ____ c

24 € 20 c + 7 € 50 c = ____ € ____ c

99 € 30 c + 60 c = ____ € ____ c

3 Rechne weg!

1 € 50 c – 20 c = ____ € ____ c

10 € 70 c – 5 € 60 c = ____ € ____ c

9 € 40 c – 30 c = ____ € ____ c

7 € 80 c – 3 € 50 c = ____ € ____ c

5 € 30 c – 4 € 10 c = ____ € ____ c

26 € 60 c – 20 c = ____ € ____ c

18 € 20 c – 4 € = ____ € ____ c

20 € 50 c – 4 € 10 c = ____ € ____ c

47 € 90 c – 5 € = ____ € ____ c

35 € 70 c – 5 € 30 c = ____ € ____ c

4 Herr Maier kauft um 9 € 70 c ein. Wie viel bekommt er auf 10 € heraus?

R:

A: ______________________________

____

Auf Preisschildern siehst du einen Geldbetrag auch so angeschrieben:

10,99 € Das sind 10 € und 99 c.

1 Schreibe die Preise mit Komma an!

11 € 35 c oder 11,35 €	28 € 99 c oder ______	39 € 90 c oder ______
99 € 26 c oder ______	17 € 79 c oder ______	6 € 49 c oder ______
59 € 39 c oder ______	42 € 65 c oder ______	70 € 80 c oder ______

2 Vergleiche die Geldbeträge! Setze >, < oder = ein!

7,50 € ◯ 7 € 50 c   12,80 € ◯ 12 € 50 c   6,99 € ◯ 7 €

10 € ◯ 10,20 €   3,35 € ◯ 3 € 30 c   2,50 € ◯ 2 € 50 c

3 Lege die Geldbeträge mit möglichst wenig Geldscheinen und Münzen!

29,90 €		×		×	× ×		×	× ×				
57,40 €												
34,81 €												
42,35 €												
70,10 €												
48,24 €												

1 h hat 60 min

1 min hat 60 s

1 Rechne und trage die gefragte Zeit in der Uhr ein!

Es ist 14 Uhr.
Wie spät ist es in 4 Stunden?

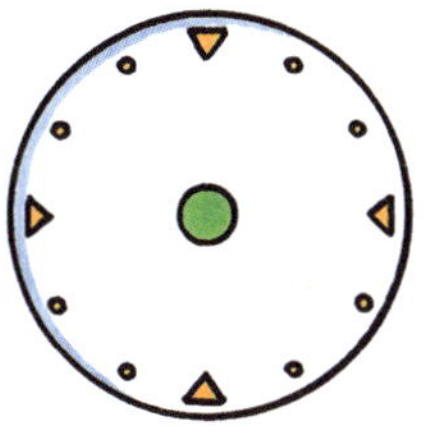

Es ist 12 Uhr.
Wie spät war es vor 5 Stunden?

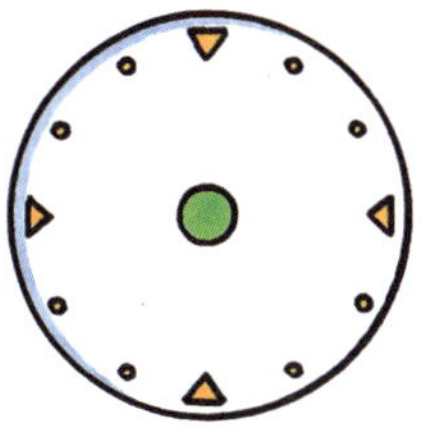

Es ist 23 Uhr.
Wie spät ist es in 1 Stunde?

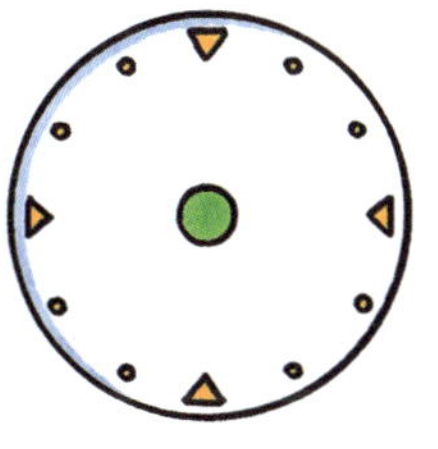

2 Wie viele Stunden sind vergangen?

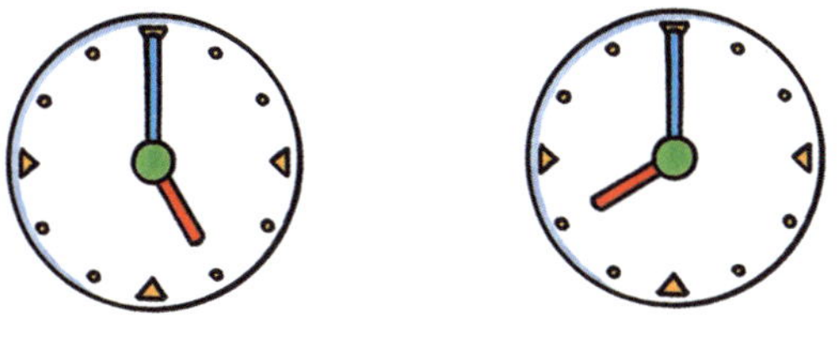

____

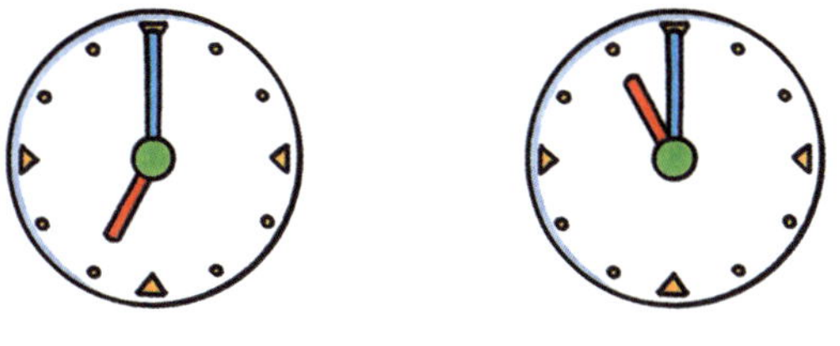

____

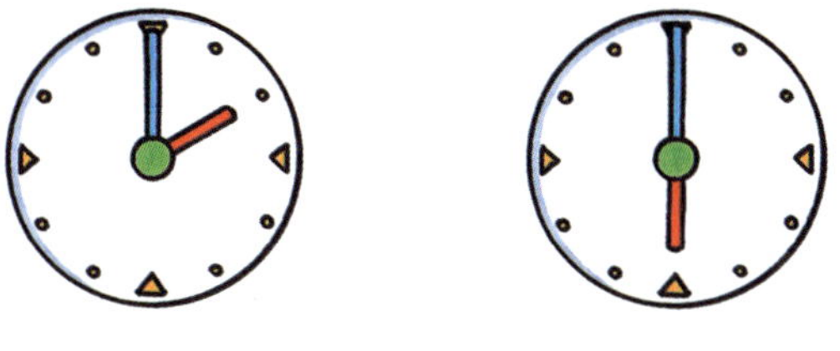

____

1 **Denke: 1 h hat 60 min!**

1 h – 30 min = ______	55 min + ______ = 1 h
1 h – 55 min = ______	60 min + ______ = 1 h
1 h – 10 min = ______	20 min + ______ = 1 h
1 h – 45 min = ______	35 min + ______ = 1 h
1 h – 15 min = ______	5 min + ______ = 1 h

2 **Lies die Uhrzeit ab! Gib beide Zeitangaben an!**

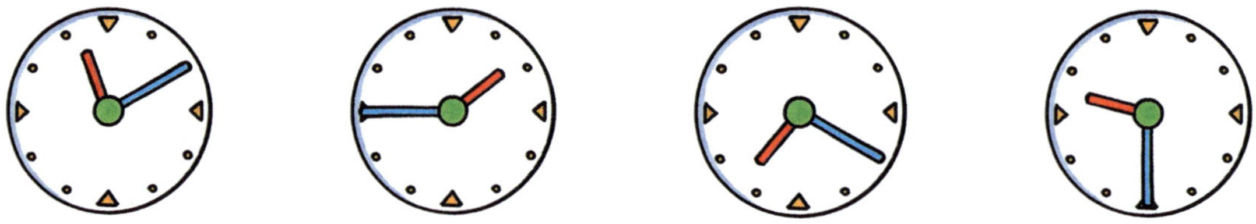

______ ______ ______ ______

______ ______ ______ ______

3 **Rita kommt um 12.10 Uhr nach Hause. Nach 30 min beginnt sie mit der Aufgabe.**

Sie beginnt um ______.

4 **Memet geht um 14.20 Uhr zu seinem Freund. Dort bleibt er nur 40 min.**

Memet bleibt bis ______.

5 **Die Pause dauert von 9.25 Uhr bis 9.45 Uhr.**

Die Pause dauert ______.

6 **Herr Fleißig fährt um 6.00 Uhr in die Arbeit und kommt um 16.00 Uhr nach Hause.**

Er war ______ unterwegs.

1 Papas Hose musste um 5 cm kürzer genäht werden. Sie ist nun 95 cm lang.

Vorher war sie ______________ lang.

2 Gerti isst 15 dag Brot mit 10 dag Wurst und 5 dag Käse. Wie viele dag verspeist sie?

R:

A: ___________________________________

____

3 Ute muss um 15 Uhr zu Hause sein. Sie kommt 5 min zu spät.

Sie kommt um ______________ nach Hause.

4 Andi rechnet. Bemale die richtigen Rechnungen!

1 h – 55 min = 5 min

1 kg – 22 dag = 78 dag

1 m – 10 cm = 90 cm

60 min + 0 min = 1 h

5 Für eine Kugel Eis bezahlt Lucia 80 c. Sie legt 1 € hin.

Sie bekommt noch ______________ zurück.

6 Im Sparschwein liegen 3 €, 50 c, 10 € und 20 c. Wie viel Geld ist das insgesamt?

R:

A: ___________________________________

____

7 Nenne das Längenmaß, das 100-mal kleiner ist als 1 Meter! _______

Super, das kann ich!

1 **Wie viel Geld ist das?**

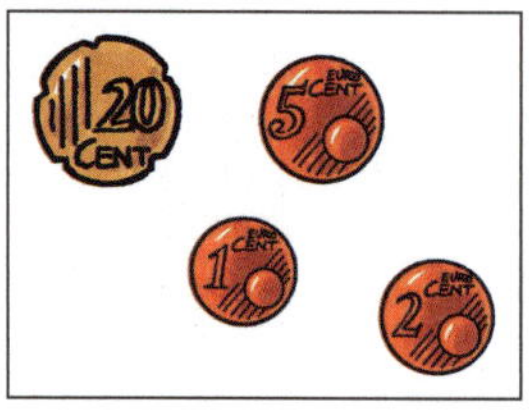

2 **Wie lange braucht Laura für ihre Hobbys insgesamt?**

A: ______________________________

3 **Die Uhr zeigt 20.30 Uhr. Zeichne die Uhrzeit ein!**

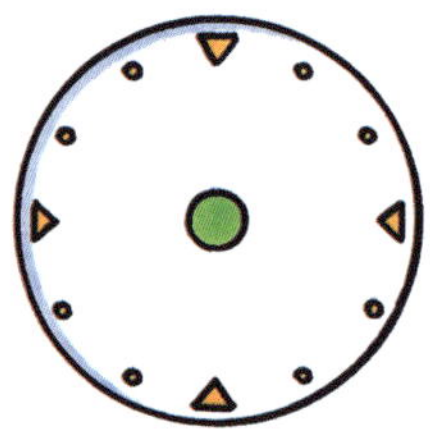

4 **Was kann stimmen? Kreuze das Richtige an!**

- ☐ Stefan wiegt 22 dag.
- ☐ Eine kleine Maus wiegt 1 kg.
- ☐ Der Kirchturm ist 17 m hoch.
- ☐ Das Zimmer ist 3 m 50 cm lang.
- ☐ Josef ist 3 m groß.
- ☐ Timi ist 29 kg schwer.

5 **Miss die Strecken ab!**

|—————|　|————|　|——|

________　________　________

6 **Wie lange brauchst du zum Öffnen des Kühlschranks? Kreuze an!**

☐ Stunden　☐ Minuten　☐ Sekunden

1 Auf welcher Seite findet Liss die Spielgeräte? Kreuze an!

	links	rechts
Die Sandkiste findet Liss		
Die Baumschaukel findet Liss		
Die Wippe findet Liss		
Die Strickleitern findet Liss		
Die Rutsche findet Liss		
Den Kletterturm findet Liss		

2 Kinder zeichnen Muster nach. Sind die Muster gleich? Kreuze an!

Robi zeichnet das Muster so! →

- ☐ ja
- ☐ nein

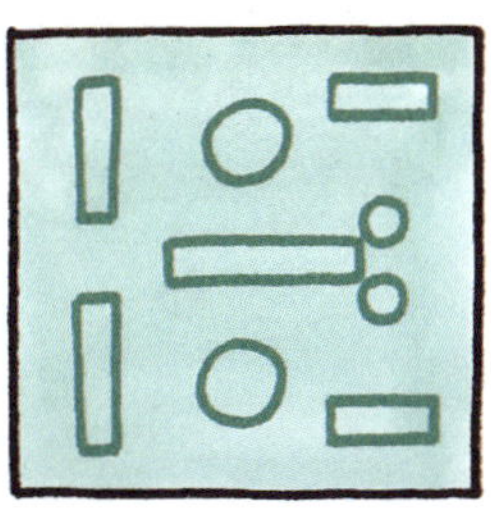

Selina zeichnet das Muster so! →

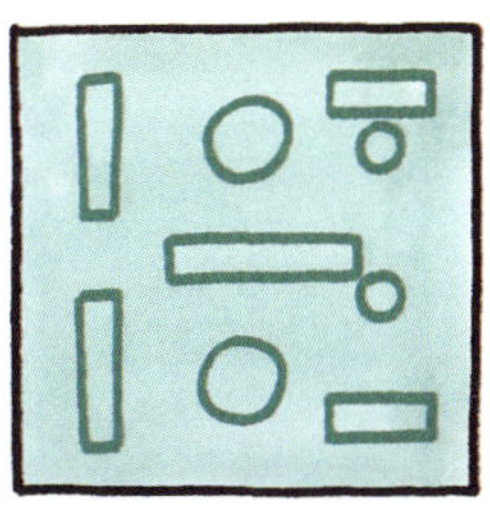

- ☐ ja
- ☐ nein

Wim zeichnet das Muster so! →

- ☐ ja
- ☐ nein

Symmetrische Figuren sind spiegelgleich!

1 Zeichne! Die Figur muss symmetrisch sein!

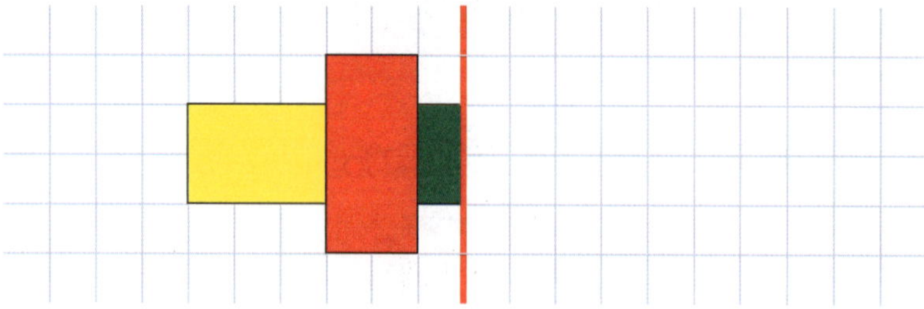

2 Ergänze! Die Figuren müssen symmetrisch sein!

3 Ist der Buchstabe U symmetrisch? ☐ ja ☐ nein

4 Ist der Buchstabe P symmetrisch? ☐ ja ☐ nein

5 Welche Figuren sind symmetrisch? Kreuze an!

 ☐

 ☐

 ☐

☐ 

☐ 

☐ 

In einen Körper kann man etwas hineinfüllen!

1 **Welcher Gegenstand passt zu welchem Körper? Bemale die gleichen Formen mit der gleichen Farbe!**

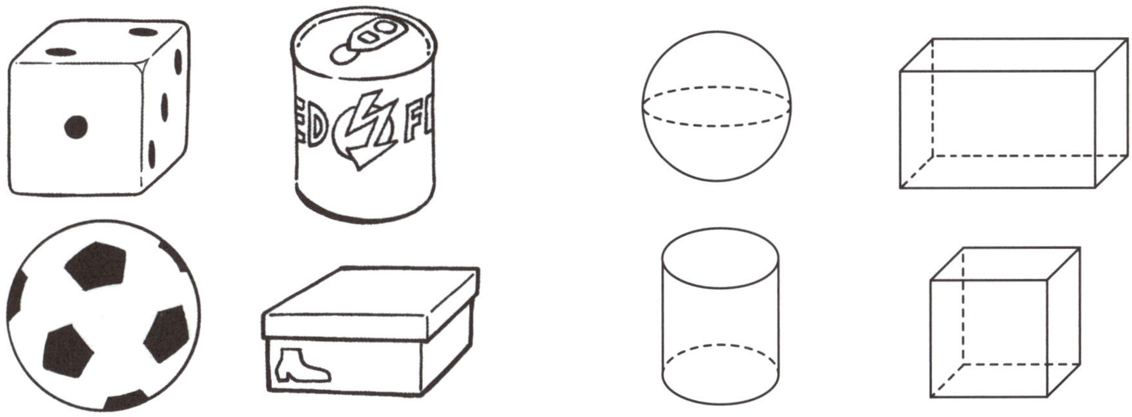

2 **Bemale die Körper und die Namen der Körper mit der gleichen Farbe!**

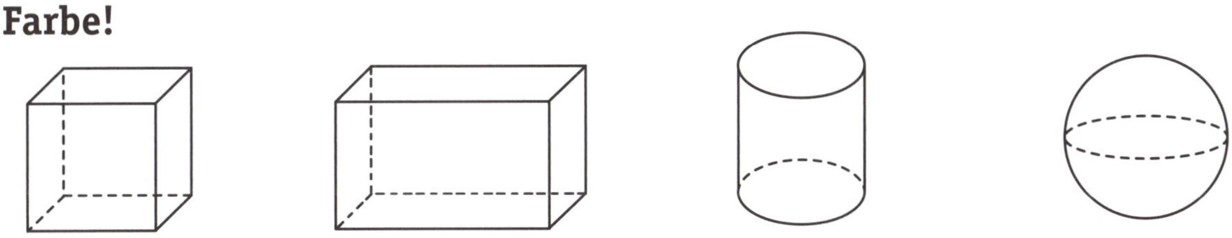

Zylinder	Kugel	Würfel	Quader

3 **Karla hat mit Bausteinen gebaut.**

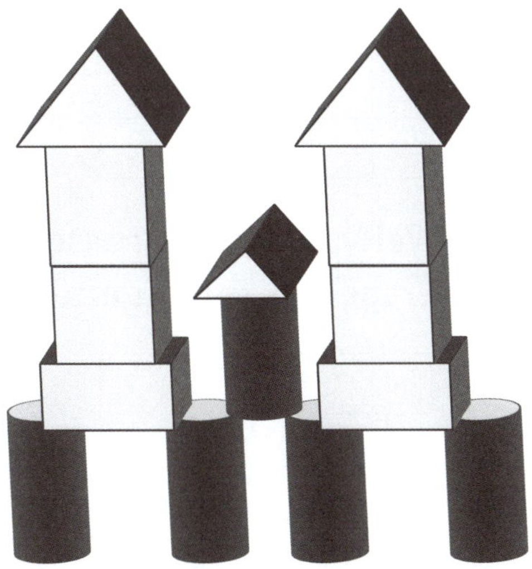

Wie viele Würfel siehst du? ____

Wie viele Quader siehst du? ____

Wie viele Zylinder siehst du? ____

Wie viele Würfel siehst du? ____

1 **Wie viele Kanten siehst du? Fahre die Kanten mit Farbe nach!**

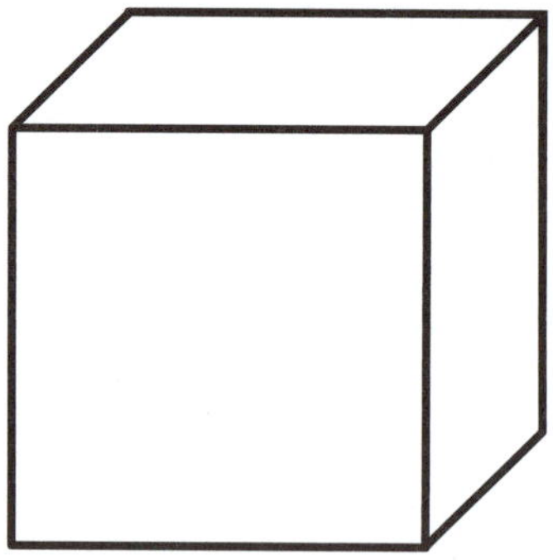

Ich sehe ______ Kanten.

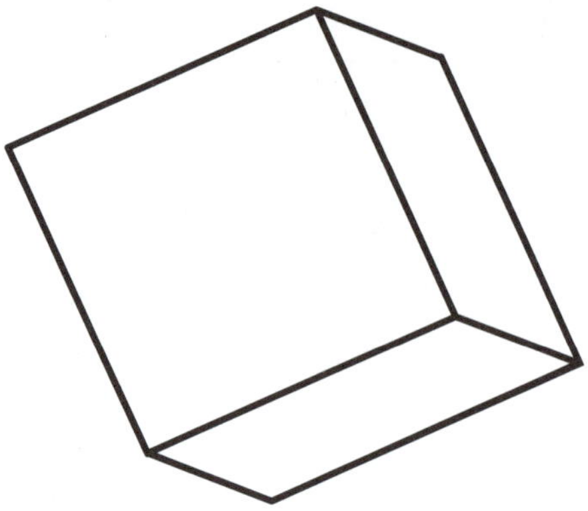

Ich sehe ______ Kanten.

2 **Wie viele Kanten siehst du? Fahre die Kanten mit Farbe nach!**

Ich sehe ______ Kanten.

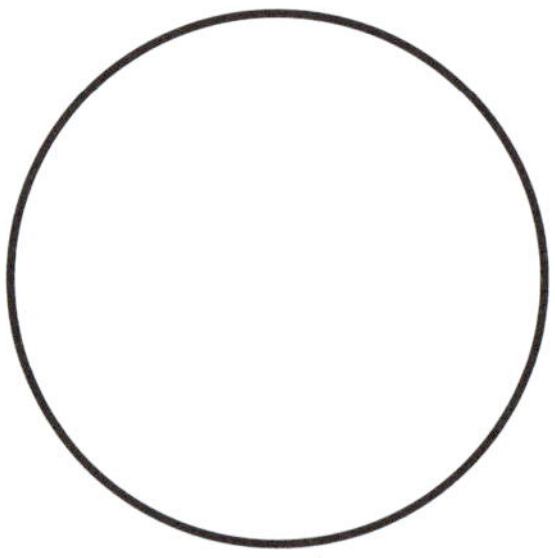

Ich sehe ______ Kanten.

3 **Bob hat mit Bausteinen gebaut.**

1

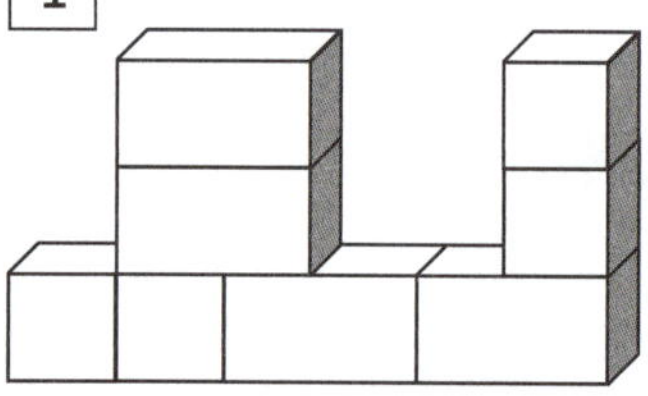

2

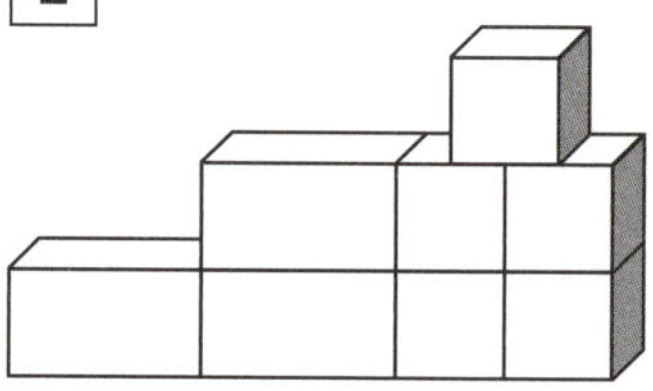

3

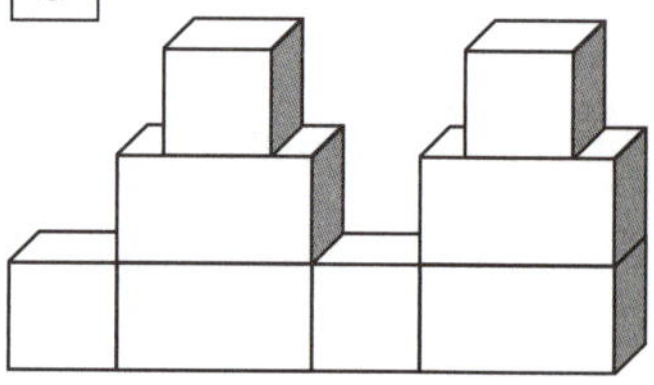

Welche Figuren passen auf die gezeichneten Baupläne?
Trage die Zahlen ein!

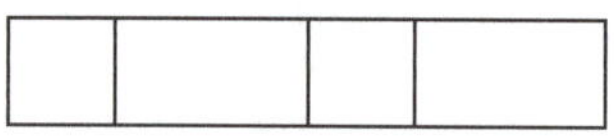

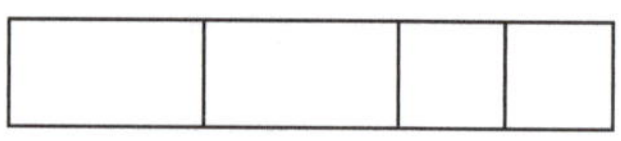

4 **Mache auf die vordere obere rechte Ecke einen Punkt!**

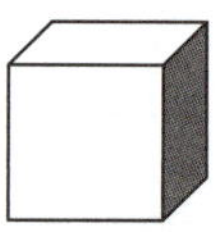

1 Welche Formen haben diese Flächen? Ordne zu!

Teller

Tisch

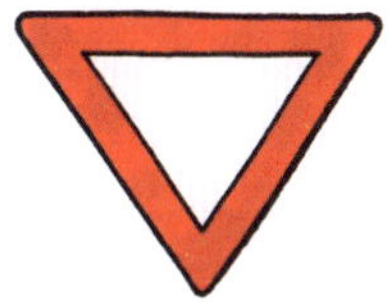
Verkehrszeichen

Pizza

Segel

Bild

Ortstafel

50-km/h-Schild

Wimpel

viereckig	
dreieckig	
rund	

2 An welchen Dingen kannst du Vierecke sehen? Kreuze an!

☐ Schultafel ☐ Trommel ☐ Heft
☐ Schuhschachtel ☐ Fernseher ☐ Kirsche

3 An welchen Dingen kannst du Kreise sehen? Kreuze an!

☐ Lenkrad ☐ Tortenform ☐ Reifen
☐ Tasse ☐ Schrank ☐ Schuhschachtel

4 Kreuze an, was stimmt!

☐ Das Viereck ist dreieckig.
☐ Das Viereck ist viereckig.
☐ Das Dreieck ist dreieckig.
☐ Der Kreis ist viereckig.
☐ Der Kreis ist rund.
☐ Das Viereck ist rund.

5 Wie viele Ecken hat der Kreis? Der Kreis hat ________ Ecken.

1 Male alle Vierecke rot an!

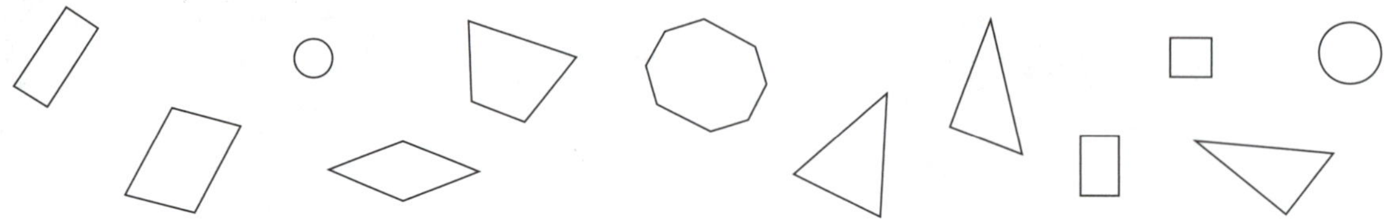

2 Male alle Kreise blau an!

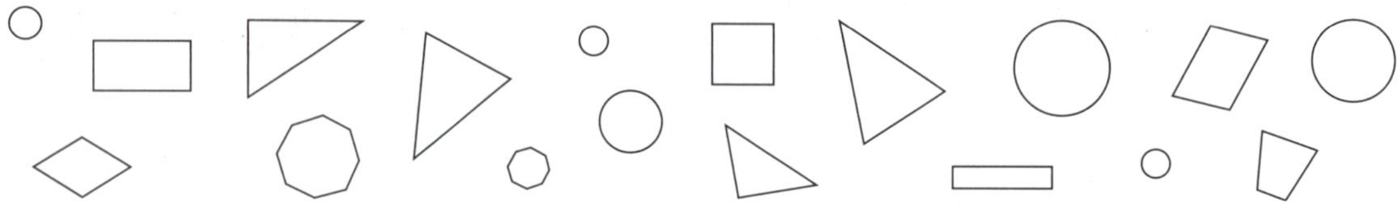

3 Male alle Dreiecke grün an!

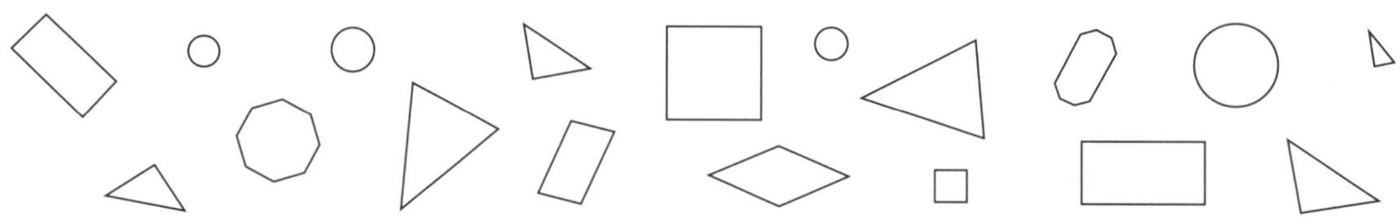

4 Welche und wie viele Flächen siehst du bei den einzelnen Figuren? Trage ein!

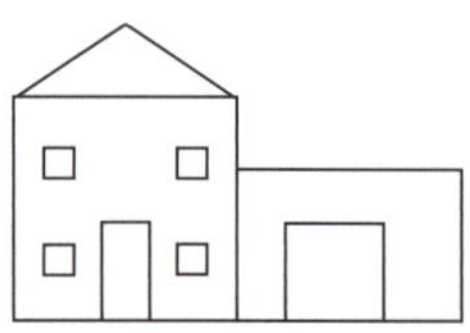

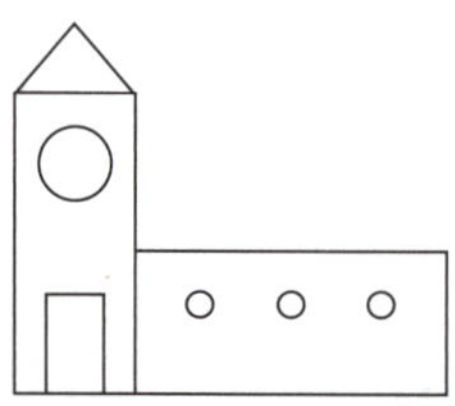

8 Vierecke ______ ______

______ ______ ______

______ ______ ______

5 Verbinde die Punkte mit dem Lineal.

Es entsteht ein ______ und ein ______.

1 **Leonie überlegt: Bis zu den Sommerferien sind es genau 4 Wochen. Wie viele Tage sind das?**

R: A: ______________________

2 **Peter bekommt neue Kleidungsstücke.**

15 €	13 €	8 €	10 €

Sein Vater bezahlt mit einem 50-€-Schein. Wie viel Geld bekommt er zurück?

R: A: ______________________

3 **Ordne den Dingen die Körpernamen richtig zu!**

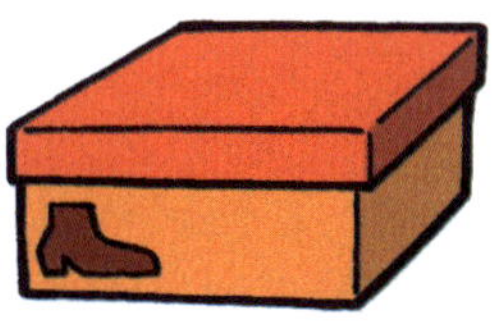

Qu ________	K ________	W ________	Z ________

4 **Rechne!**

71 + 19 = _____ 100 – 56 = _____ 37 + 9 = _____ 100 – 15 = _____

88 – 9 = _____ 55 + 45 = _____ 42 – 18 = _____ 67 + 7 = _____

5 **Acht Enten haben _____ Beine.** **Drei Pferde haben _____ Beine.**

1 Sechs Hände haben _____ Finger. Fünf 10-€-Scheine sind _____ €.

2 In einer Schüssel liegen 30 Erdnüsse. Lukas isst jeden Tag 5 Nüsse. Wie viele Tage kann er von den Erdnüssen essen?

R:

A: ______________________________

3 Marie fährt mit ihren Eltern zur Oma. Die Fahrt mit der Bahn kostet für einen Erwachsenen 24 €. Kinder zahlen die Hälfte. Wie viel müssen die Eltern für Marie bezahlen?

R:

A: ______________________________

4 Ordne die Zeitmaße **min** und **s** richtig zu!

einmal klatschen dauert __________

die Tür öffnen dauert __________

die Pause in der Schule dauert __________

einen Satz von der Tafel abschreiben dauert __________

einen Punkt machen dauert __________

Nudeln kochen dauert __________

5 Rechne!

18 : 2 = ____	16 : 4 = ____	32 : 8 = ____	12 : 2 = ____
24 : 4 = ____	56 : 8 = ____	20 : 2 = ____	36 : 4 = ____
72 : 8 = ____	2 : 2 = ____	0 : 4 = ____	64 : 8 = ____

6 Im Turnsaal üben 9 Gruppen. In jeder Gruppe sind 4 Kinder.

Musst du malnehmen oder teilen? ______________________________

1 **Sarah hat 3 Freundinnen. Sie teilen gerecht 32 Gummibärchen. Wie viele Gummibärchen bekommt jedes Mädchen?**

R: A: ____________________

2 **Wie viele cm sind noch auf dem Stoffband?**

R: A: ____________________

3 **Neunundvierzig Tage sind _____ Wochen.**

4 **Welchen Stellenwert haben diese Zahlen?**

14 = Z E   98 = ________   26 = ________   30 = ________

5 **Ausschnitte aus dem Hunderterfeld! Ergänze die fehlenden Zahlen!**

45	46

68		
88		

31	32		
51			

6 **Ergänze!**

Das Dreieck ist eine ______________. Es hat _____ Ecken.

Das ______________ ist eine Fläche. Es hat 4 Ecken.

Der ______________ ist eine runde Fläche. Er hat _____ Ecken.

Fit für den Übertritt in die 3. Klasse

1 Zehnmal so groß wie 1 cm ist ______________.

2 Zehnmal so groß wie 1 dm ist ______________.

3 Frau Gürtler geht in den Supermarkt. Sie kauft um 68 € ein. Sie bezahlt mit 

.

R:

A: ______________________________

4 30 Hefte werden von Lisa, Martin und Anne ausgeteilt. Wie viele Hefte kann jedes Kind austeilen?

R:

A: ______________________________

5 Rechne!

+	9	7	5	8
67				
39				
76				

–	6	4	9	5
43				
81				
50				

6 Schreibe die Zahlen auf, die an der Zehnerstelle 7 haben!

____

7 Setze > oder < ein!

2 Z 7 E ◯ 47 | 1 H ◯ 99 | 87 ◯ 78 | 4 Z 9 E ◯ 9 Z 4 E

68 ◯ 86 | 9 Z 2 E ◯ 9 Z | 3 Z ◯ 6 Z | 7 Z 1 E ◯ 1 E

8 Teile die Zahl 54 durch 9! ______________

1 Bei der Jause liegen 50 dag Wurst auf dem Teller. Die Gäste essen vieles weg. Es bleiben noch 12 dag Wurst übrig. Wie viele dag haben die Gäste gegessen?

R: 　　　　　　　　　　A: ______________________________

____

2 Holger will das gleiche Muster zeichnen. Er ist noch nicht fertig. Ergänze du das Muster!

3 Die Zahl hat 8 Z und 3 E. Zähle zuerst 16 dazu und dann 1 weg.

Die Zahl heißt ______________________________.

4 Kannst du das noch rechnen?

6 • 9 = __________ 　 4 • 6 = __________ 　 9 • 3 = __________

8 • 6 = __________ 　 8 • 9 = __________ 　 4 • 3 = __________

5 Die Mutter muss 1 € 70 c bezahlen. Sie bezahlt mit einer 2 €-Münze. Die Mutter bekommt 20 c heraus. Stimmt das?

☐ ja 　 ☐ nein

1 **Schreibe jeweils die Tauschaufgabe darunter!**

5 • 7 = ____	3 • 7 = ____	4 • 7 = ____
___ • ___ = ____	___ • ___ = ____	___ • ___ = ____
2 • 7 = ____	6 • 7 = ____	9 • 7 = ____
___ • ___ = ____	___ • ___ = ____	___ • ___ = ____

2 **Die Zwillinge Molli und Olli bezahlen in der Bäckerei 3,40 € und 2,60 €.**

Wie viel Geld bezahlen sie insgesamt?

R:

A: ______________________________

____

3 **Der Wecker zeigt folgende Uhrzeit an. Wie spät ist es in 20 min? Zeichne die Uhrzeit ein!**

4 **Zeichne mit Lineal eine Strecke von 4 cm.**

5 **Wie lang ist diese Strecke?**

____ cm

6 **Rechne! Denke an die Malaufgabe!**

70 : 10 = ____   35 : 5 = ____   45 : 5 = ____